Schlau
für die Schule

Mein MEGA dicker Buchstaben-Block

Schlau
für die Schule

AF130866

Konzept und Text von Christine Mildner
Bilder von Sabine Rothmund

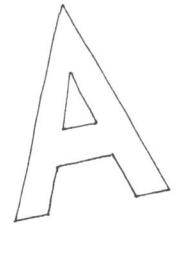

Dieser MEGA Buchstaben-Block gehört:

_____   _____
(Vorname)   (Nachname)

CARLSEN

Hallo,
schön, dass du dir diesen MEGA Block ausgesucht hast
und die vielen bunten Aufgaben darin lösen möchtest!

Du kannst diese der Reihe nach bearbeiten oder auch ganz
durcheinander – ganz so, wie es dir am besten gefällt.
Auf der Rückseite eines Blattes findest du meist eine Lösung.
Dort kannst du kontrollieren oder auch mal nachschauen, wenn
dir eine Aufgabe noch zu schwer ist und du nicht weiterkommst.
Aber schummeln gilt nicht!
Am Ende gibt es noch zwei Spiele und ein Merkheft mit allen
Buchstaben aus diesem Block für dich. Das Heft kannst du
heraustrennen und dann überall mit hinnehmen und nutzen,
wenn du im Abc mal nicht weiterweißt!
Wenn du alle Blätter fertig hast, kannst du dir noch eine
MEGA Urkunde über deinen Schreibtisch oder an deine
Zimmertür hängen, damit alle sehen können, wie viel
du schon über unsere Buchstaben weißt.

Wir wünschen dir viel Spaß mit diesem MEGA Block und hoffen,
du kannst damit eine Menge lernen und viel Neues entdecken.

Aber nicht vergessen: Ab und zu mal eine Pause machen!

Buchstaben-Gesichter

Hier verstecken sich 5 Buchstaben, die du gut hören kannst.
Finde sie und fahre sie nach.
Wenn du magst, kannst du das Bild noch bunt machen.

Lösung:

Lust auf Eis?

Lulu und Momo möchten ein Eis essen. Der Kiosk ist in der Mitte der Stadt. Sie dürfen nur die Straßen mit einer grünen Ampel nutzen. Zeichne ihre Wege in zwei Farben ein.

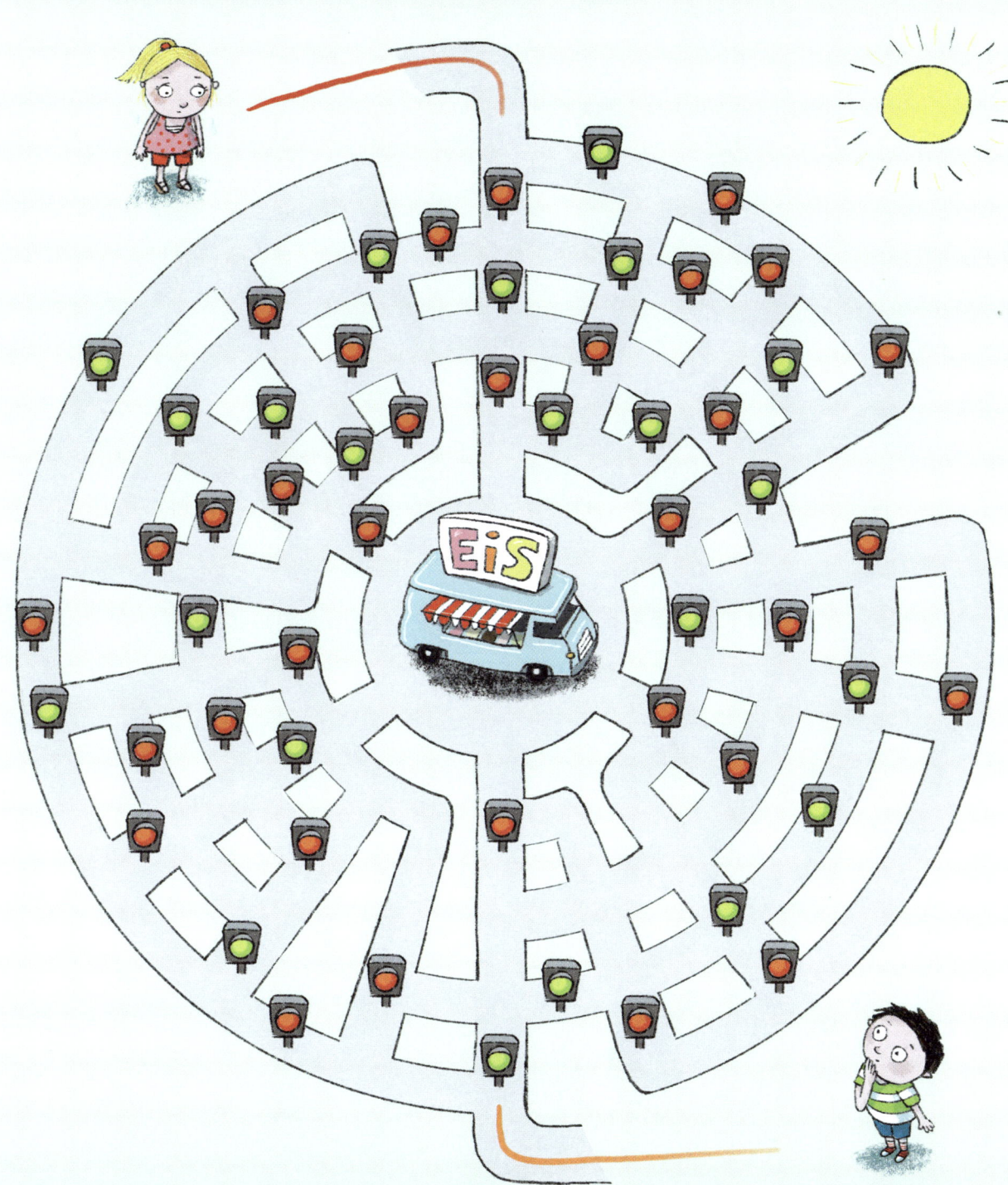

Lösung:

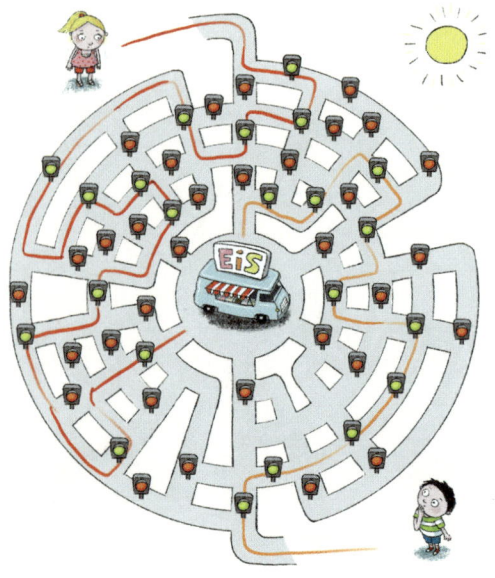

Das ist SPITZE!

Bei den 7 Bergen wohnen die 7 Zwerge. Fahre alle Berggipfel und
Zipfelmützen in je einem Zug nach. Male dann das Bild bunt an.

Lösung:

Schreibe das große A!

Fahre das große **A** mit 5 verschiedenen bunten Stiften nach.

Dieses Tier ist ein großer Vogel und sein Name beginnt mit einem **A**.
Schreibe den Anfangsbuchstaben in das Kästchen.

DLER

Hier kannst du das **A** üben:

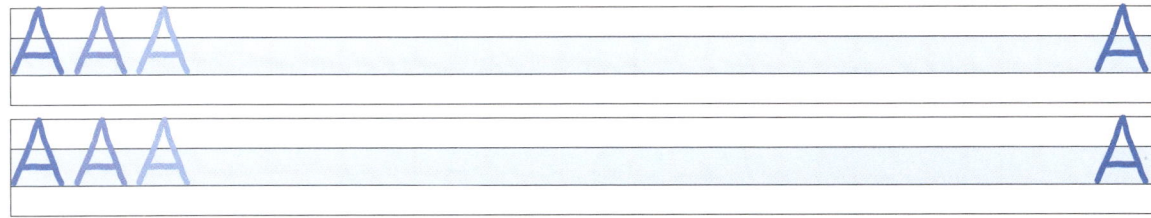

Lösung: Der große Vogel ist ein ADLER.

Fruchtmischung

Zähle alle Äpfel, Bananen und Kirschen.

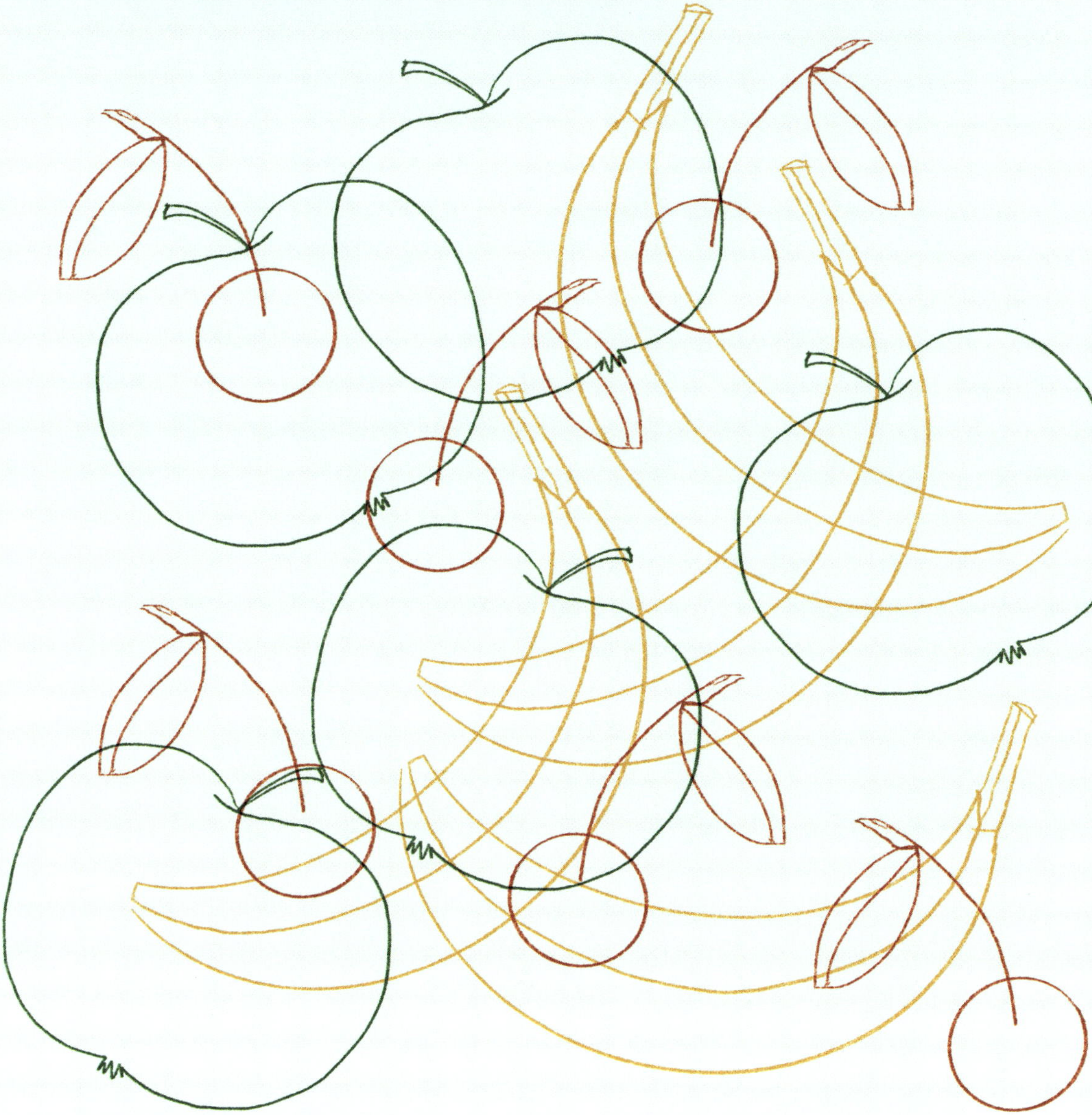

Es sind ☐  , ☐ 🍌 und ☐ 🍒 .

Lösung: Es sind 5 🍏🍏 , 4 🍌 und 6 🍒 .

A wie Ampel

Verbinde die Bilder, die mit einem **A** anfangen,
mit dem Buchstaben in der Mitte.

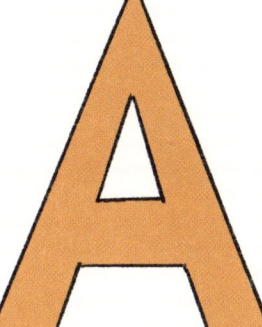

Lösung:

APFEL

AMPEL

AMEISE

A

ANANAS

AFFE

Kennst du diesen Buchstaben?

Fahre die gestrichelten Linien nach und lass die bunten
Schmetterlinge über eine Blumenwiese fliegen.

Lösung:

Schreibe das große B!

Fahre das große **B** mit 5 verschiedenen bunten Stiften nach.

Dieses haarige Tier hat große Tatzen und sein Name beginnt mit einem **B**. Schreibe den Anfangsbuchstaben in das Kästchen.

 ÄR

Hier kannst du das **B** üben:

BBB   B

BBB   B

Lösung: Das haarige Tier mit den großen Tatzen ist ein BÄR.

Wo hörst du ein B?

In jeder Reihe beginnt ein Wort nicht mit einem **B**.
Streiche dieses Wort durch. Achtung, einmal sind es sogar
zwei Wörter. Male die Bilder an, die mit einem **B** beginnen.

Lösung:

Muster im Schnee

Nimm einen Stift und folge
den Spuren der Tiere.

Lösung:

Auf dem Meer

Fahre die Wellen in Dunkelblau, die Wolken in Hellblau
und die Fischschuppen in Grün nach.
Magst du ein Schiff auf die Wellen setzen?

Schreibe das große C!

Fahre das große C mit 5 verschiedenen bunten Stiften nach.

Dieser lustige Kerl macht gern Quatsch und sein Name beginnt mit einem C. Schreibe den Anfangsbuchstaben in das Kästchen.

LOWN

Hier kannst du das C üben:

Lösung: Der lustige Kerl ist ein CLOWN.

Im Zirkus

Der Clown zeigt seine Kunststücke. Male das Bild richtig an.

Er hat eine rote Nase  und rote Schuhe .

Sein Hut und seine Hose sind grün. Seine Haare sind orange. Er wirft viele bunte Bälle in die Luft.

Lösung:

Auf dem Abc-Pfad

Finde den Weg: Du darfst nur auf die Buchstaben **A**, **B** und **C** treten und auch nur in dieser Reihenfolge.

ENDE

K	X	N	D	U	Y	J	R	N	C
P	M	O	A	B	C	O	N	A	B
R	A	B	C	K	A	B	M	C	P
I	C	P	E	G	T	C	A	B	E
O	B	A	C	B	V	T	F	D	L
D	P	Z	S	A	J	O	Z	M	Y
R	X	E	H	C	B	A	M	I	K
F	M	J	F	P	I	C	B	N	H
T	F	Q	N	H	S	Q	A	X	T
G	K	W	U	C	A	B	C	J	Q
R	Z	E	A	B	Y	U	W	R	D
Q	A	B	C	W	V	I	S	V	G
K	C	V	G	U	L	M	T	L	H
A	B	L	W	S	X	Z	O	V	Y

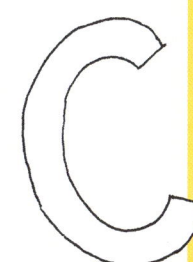

START

Lösung:

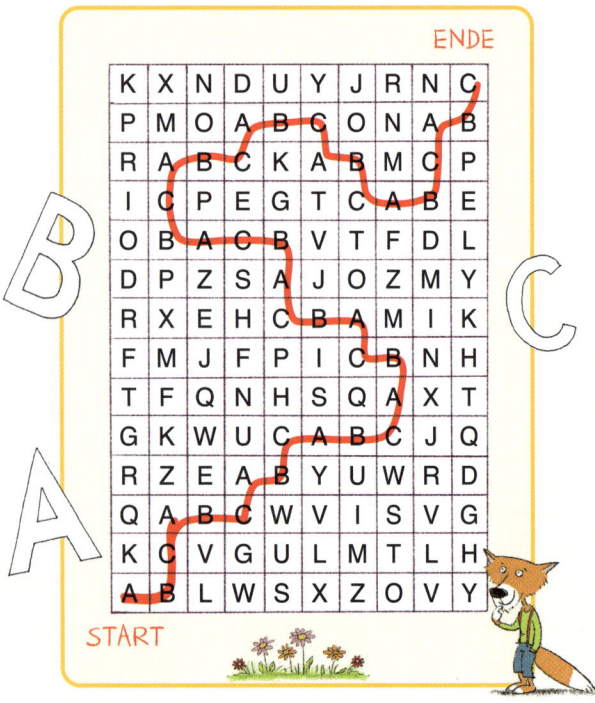

ENDE

K	X	N	D	U	Y	J	R	N	C
P	M	O	A	B	C	O	N	A	B
R	A	B	C	K	A	B	M	C	P
I	C	P	E	G	T	C	A	B	E
O	B	A	C	B	V	T	F	D	L
D	P	Z	S	A	J	O	Z	M	Y
R	X	E	H	C	B	A	M	I	K
F	M	J	F	P	I	C	B	N	H
T	F	Q	N	H	S	Q	A	X	T
G	K	W	U	C	A	B	C	J	Q
R	Z	E	A	B	Y	U	W	R	D
Q	A	B	C	W	V	I	S	V	G
K	C	V	G	U	L	M	T	L	H
A	B	L	W	S	X	Z	O	V	Y

START

Kennst du diesen Buchstaben?

Male alle Felder mit einem Dreieck rot ▲, mit einem Stern gelb ☀
und mit einem Viereck blau ■ an.

Lösung:

Schreibe das große D!

Fahre das große **D** mit 5 verschiedenen bunten Stiften nach.

Der Name dieses ausgestorbenen Tieres beginnt mit einem **D**.
Schreibe den Anfangsbuchstaben in das Kästchen.

INO

Hier kannst du das **D** üben:

Lösung: Das ausgestorbene Tier ist ein DINO.

Klingt ganz ähnlich!

Welche 2 Wörter in einer Reihe reimen sich?
Sprich die Wörter laut aus und male dann die beiden Bilder aus,
die sich reimen.

Lösung:

Gleich gefleckt

Jeder Welpe hat die gleichen Flecken wie seine Mutter.
Verbinde die beiden.

Lösung:

Nur geträumt

Dinodame Daria denkt an ihre Freundinnen. Deren Namen beginnen alle mit einem **D**. Male sie an.

Lösung:

Darias Freundinnen sind ein DACKEL, ein DELFIN,
ein DACHS und ein DALMATINER.

Wer schwimmt denn da?

Male alle Felder mit einem **E** gelb, mit einem **A** blau
und mit einem **B** grün an.

Lösung:

Schreibe das große E!

Fahre das große E mit 5 verschiedenen bunten Stiften nach.

Dieses Wassertier hat am Anfang und am Ende seines Namens ein E.
Schreibe beide E in die Kästchen.

☐ NT ☐

Hier kannst du das E üben:

E E E   E

E E E   E

Lösung: Das Wassertier ist eine ENTE.

Über den Wolken

Wie viele **ENGEL** haben sich in diesem Suchsel versteckt?
Suche von links nach rechts und von oben nach unten
und kreise die Wörter ein.

E	A	S	H	I	P	Z
N	K	E	N	G	E	L
G	D	Q	O	U	N	C
E	C	B	H	Y	G	F
L	G	E	P	B	E	K
X	E	N	G	E	L	J
T	T	G	S	N	W	O
J	R	E	N	G	E	L
M	U	L	D	E	A	R
V	M	I	V	L	Q	F

Lösung:

E	A	S	H	I	P	Z
N	K	E	N	G	E	L
G	D	Q	O	U	N	C
E	C	B	H	Y	G	F
L	G	E	P	B	E	K
X	E	N	G	E	L	J
T	T	G	S	N	W	O
J	R	E	N	G	E	L
M	U	L	D	E	A	R
V	M	I	V	L	Q	F

Wie im Märchen

Male das Bild in der Reihe an, das etwas anders aussieht
als das farbige Bild ganz vorne. Achtung: Einmal sind sogar
zwei Figuren anders.

Lösung:

Im dunklen Wald

Oje, die Tannen haben alle Äste verloren.
Zeichne sie schnell wieder dazu.

Schreibe das große F!

Fahre das große F mit 5 verschiedenen bunten Stiften nach.

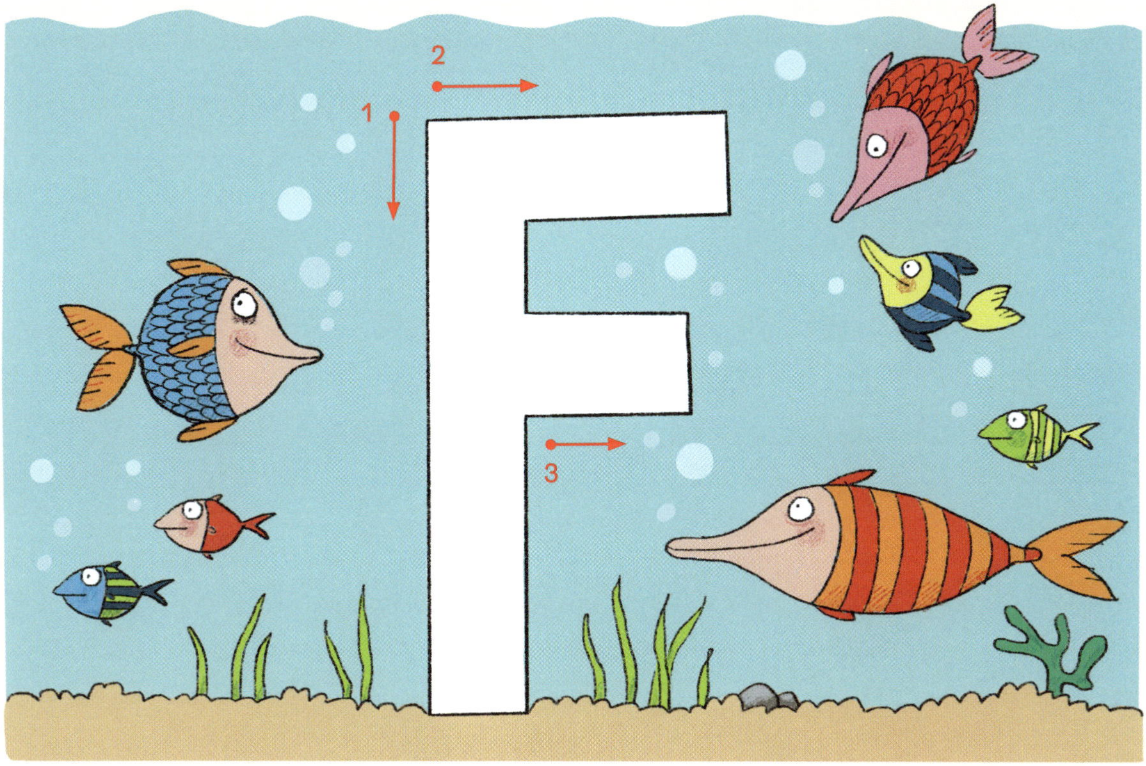

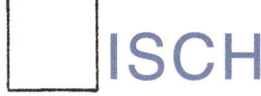

Dieses Tier schwimmt im Wasser und sein Name beginnt mit einem F.
Schreibe den Anfangsbuchstaben in das Kästchen.

☐ ISCH

Hier kannst du das F üben:

F F F F

F F F F

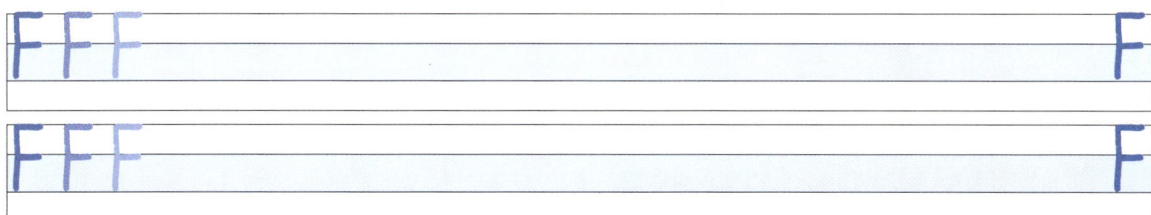

Lösung: Das schwimmende Tier ist ein FISCH.

Auf einem Bein

Male das Bild in den richtigen Farben an:
A = orange, B = rosa, C = hellblau, D = grün.

Lösung:

Flotte Sprüche

Lass dir die Zungenbrecher vorlesen und sprich sie schnell nach.
Du kannst auch die Zeit stoppen.

Ferkel Ferdi furzt fünfmal,
fünfmal furzt Ferkel Ferdi.

Friseur Flo föhnt flotte Frisuren,
flotte Frisuren föhnt Friseur Flo.

Flamingo Fiona frisst frischen Fisch,
frischen Fisch frisst Flamingo Fiona.

Denke dir eigene Zungenbrecher zu Wörtern mit **F** aus,
zum Beispiel zu „Frosch" oder „Fliege".

F wie Fisch

Verbinde die Bilder, die mit einem **F** anfangen,
mit dem Buchstaben in der Mitte.

Lösung:

FISCH

FUCHS

FEDER

FROSCH

FEE

FLAMINGO

Was hörst du am Anfang?

Sprich die Wörter laut aus und höre genau hin.
Schreibe den richtigen Buchstaben in das Kästchen.

 ☐ RACHE

 ☐ SEL

 ☐ NGEL

 ☐ UCHS

 ☐ OSE

 ☐ EDER

 ☐ LEFANT

 ☐ ACKEL

 ☐ ENSTER

Lösung:

D: **D**RACHE, **D**OSE, **D**ACKEL

E: **E**SEL, **E**NGEL, **E**LEFANT

F: **F**UCHS, **F**EDER, **F**ENSTER

Suche die Ausschnitte!

Welche 2 Teile findest du im Bild wieder?
Kreuze sie an und male dann das Bild bunt aus.

Lösung:

Grün ist gesund!

Welche Gemüsesorten sind grün? Verbinde sie mit dem **G**
in der Mitte. Male das Gemüse dann noch bunt an.

Lösung:

Diese Gemüsesorten sind grün: Gurken, Salat, Bohnen, Brokkoli.

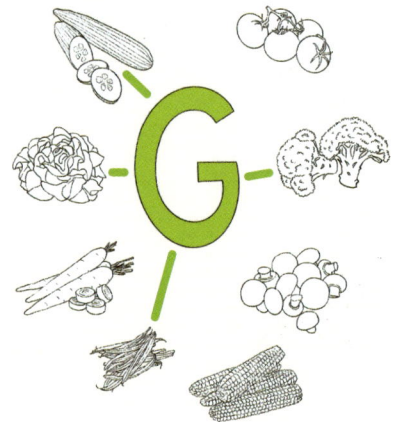

Schreibe das große G!

Fahre das große G mit 5 verschiedenen bunten Stiften nach.

Dieses Tier hat einen langen Hals und sein Name beginnt mit einem G.
Schreibe den Anfangsbuchstaben in das Kästchen.

☐IRAFFE

Hier kannst du das G üben:

Lösung: Das Tier mit dem langen Hals ist eine GIRAFFE.

Wo hörst du ein G?

In jeder Reihe beginnt ein Wort nicht mit einem **G**.
Streiche es durch. Male die Bilder mit **G** an.

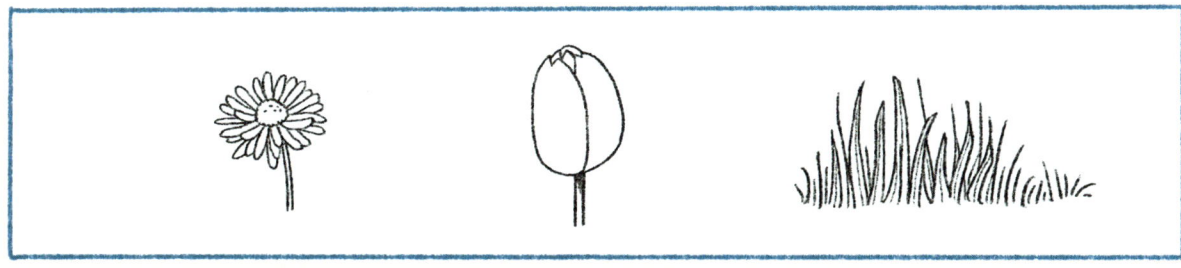

Lösung:

GESPENST ~~HASE~~ GABEL

GURKE GANS ~~EULE~~

~~FLÖTE~~ GEIGE GITARRE

GÄNSEBLÜMCHEN ~~TULPE~~ GRAS

Gleich und gleich gesellt sich gern!

Immer zwei Raupen sind genau gleich – verbinde sie.
Eine Raupe ist allein, male ihr einen Freund dazu.

Lösung:

Turmbau

Zeichne die Muster weiter und baue die Burg zu Ende.
Für die langen, geraden Linien brauchst du ein Lineal.

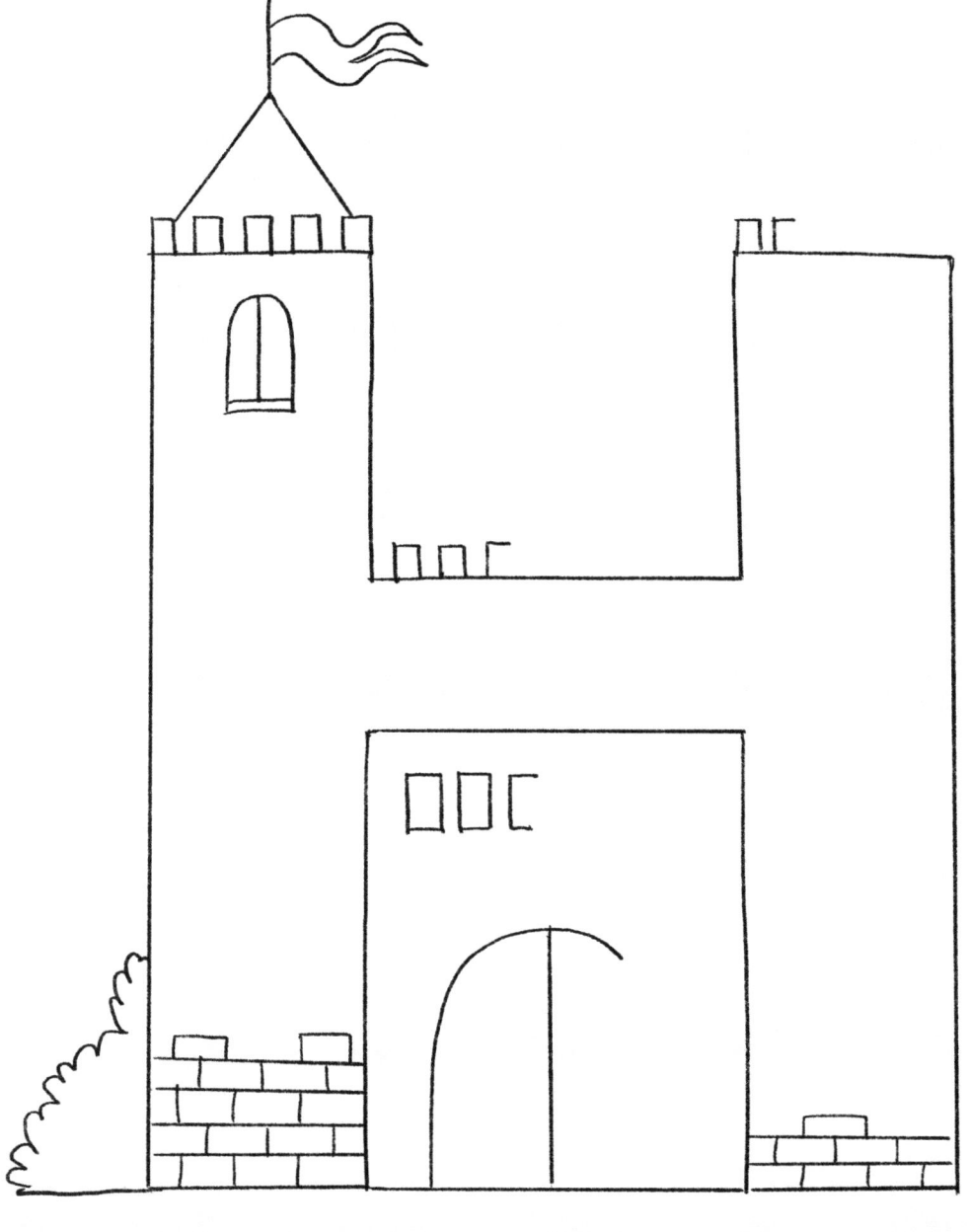

Schreibe das große H!

Fahre das große H mit 5 verschiedenen bunten Stiften nach.

Der Name dieses schnellen Tieres beginnt mit einem H.
Schreibe den Anfangsbuchstaben in das Kästchen.

□ASE

Hier kannst du das H üben:

Lösung: Das schnelle Tier ist ein HASE.

Auf Wörtersuche

Finde die Wörter mit **H** im Suchsel und färbe sie ein.

HAMSTER

HAHN

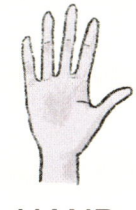

HAND

A	S	H	J	C	Z	V	P
C	H	A	H	N	Y	F	I
D	O	M	D	Y	L	C	V
H	R	S	W	H	A	N	D
Q	F	T	K	E	H	K	E
T	H	E	L	M	R	U	N
E	D	R	A	J	O	F	L
S	X	P	G	W	H	A	K
H	X	M	B	H	U	G	M
A	U	G	B	Q	P	N	Z
S	J	H	O	S	E	T	I
E	M	N	P	I	L	B	O

HASE

HOSE

HELM

HUPE

HAHN

HASE

Lösung:

HAMSTER

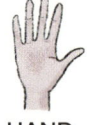

HAND

HOSE

A	S	H	J	C	Z	V	P
C	H	A	H	N	Y	F	I
D	O	M	D	Y	L	C	V
H	R	S	W	H	A	N	D
Q	F	T	K	E	H	K	E
T	H	E	L	M	R	U	N
E	D	R	A	J	O	F	L
S	X	P	G	W	H	A	K
H	X	M	B	H	U	G	M
A	U	G	B	Q	P	N	Z
S	J	H	O	S	E	T	I
E	M	N	P	I	L	B	O

HELM

HUPE

Was hörst du am Anfang?

Sprich die Wörter laut aus und höre genau hin.
Verbinde mit dem richtigen Buchstaben.

A
E

C
E

D
B

F
D

C
G

H
A

F
D

C
G

Lösung:

 AMSEL

 **E**LSTER

 BLUME

 FUCHS

 COWBOY

 HUPE

 DRACHE

 GÄNSEBLÜMCHEN

Auf dem Bauernhof

Schreibe die Zahlen an die richtigen Stellen im Bild. Male es bunt an.

Lösung:

Es regnet Bindfäden

Die Erde wird nass. Lass es noch viel stärker regnen.

Schreibe das große I!

Fahre das große I mit 5 verschiedenen bunten Stiften nach.

Der Name dieses stacheligen Tieres beginnt mit einem I.
Schreibe den Anfangsbuchstaben in das Kästchen.

GEL

Hier kannst du das I üben:

Lösung: Das stachelige Tier ist ein IGEL.

Verrückte Buchstaben

Die 3 Buchstaben haben sich fein gemacht. Male sie bunt an.

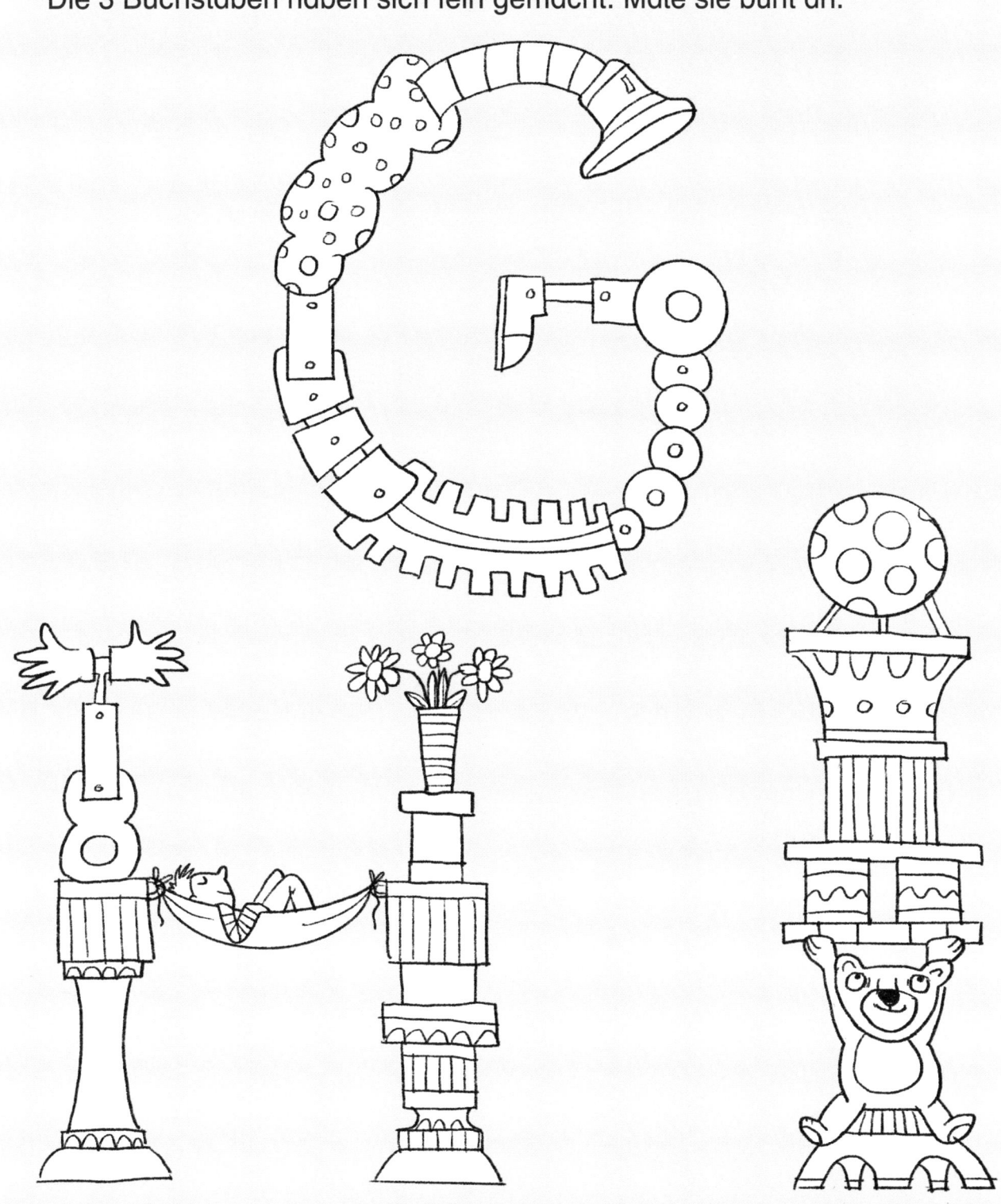

Wo hörst du das l?

Sprich die Wörter und kreuze an, wo du ein l hörst:
Am Anfang, in der Mitte oder am Ende?

Lösung:

☐ ☒ ☐
ZITRONE

☒ ☐ ☐
IGLU

☐ ☒ ☐
NIXE

☐ ☒ ☐
BIBER

☐ ☒ ☐
GITARRE

☐ ☒ ☐
DINO

☐ ☐ ☒
LOLLI

☐ ☒ ☐
RITTER

Was klingt am Anfang gleich?

Verbinde die 3 Bilder, die am Anfang gleich klingen.
Schreibe die Buchstaben in die Kästchen.

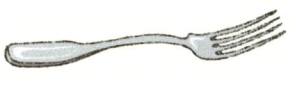  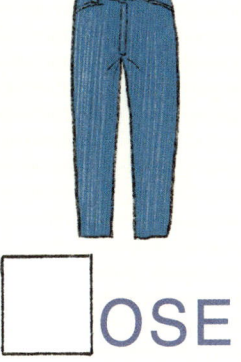

☐ ABEL ☐ NSEL ☐ OSE

☐ LAS ☐ UT ☐ GEL

☐ ESCHENK ☐ GLU ☐ AMMER

Auf zur Halloween-Party

Die kleine Hexe möchte zur Halloween-Party. Auf dem Weg dorthin begegnet sie vielen Gästen. Wen nimmt sie alles mit?

Lösung:

Die Hexe nimmt das Gespenst, den Kürbis, die Fledermaus,
die schwarze Katze und die Eule mit.

Seepferdchen-Tanz

Male jedes Seepferdchen fertig.
Lass dann alle Seepferdchen in bunten Farben im Meer tanzen.
Magst du noch ein paar Fische dazumalen?

Schreibe das große J!

Fahre das große **J** mit 5 verschiedenen bunten Stiften nach.

Der Name dieses wilden Tieres beginnt mit einem **J**.
Schreibe den Anfangsbuchstaben in das Kästchen.

Hier kannst du das **J** üben:

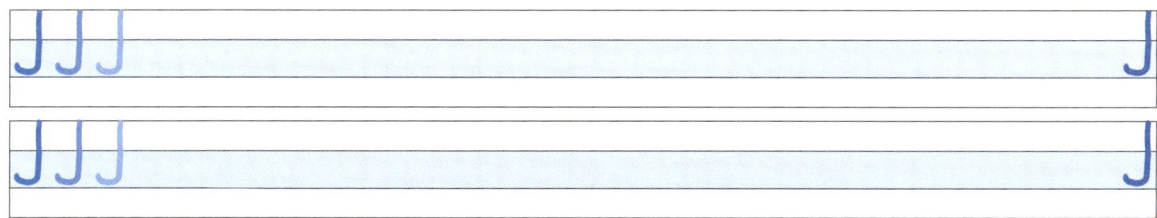

Lösung: Das wilde Tier ist ein JAGUAR.

Buntes Strandgetümmel

Finde die 8 Fehler im unteren Bild und kreise sie ein.

Lösung:

So ein Gewimmel!

So viele Ameisen und alle sehen gleich aus.
Nur eine nicht, das ist die Königin. Findest du sie?

Lösung:

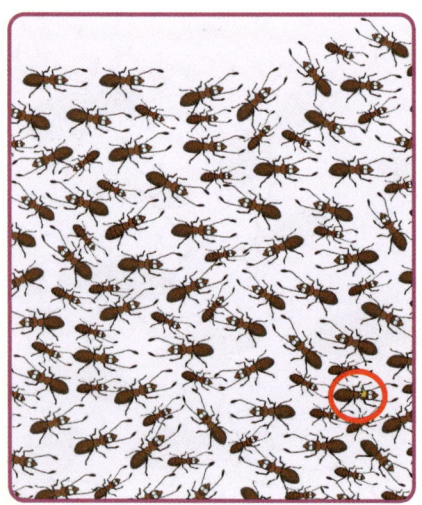

Wer pikst denn da?

Male alle Felder mit einem **K** grün, mit einem **B** hellblau
und mit einem **G** gelb an.

Lösung:

Schreibe das große K!

Fahre das große K mit 5 verschiedenen bunten Stiften nach.

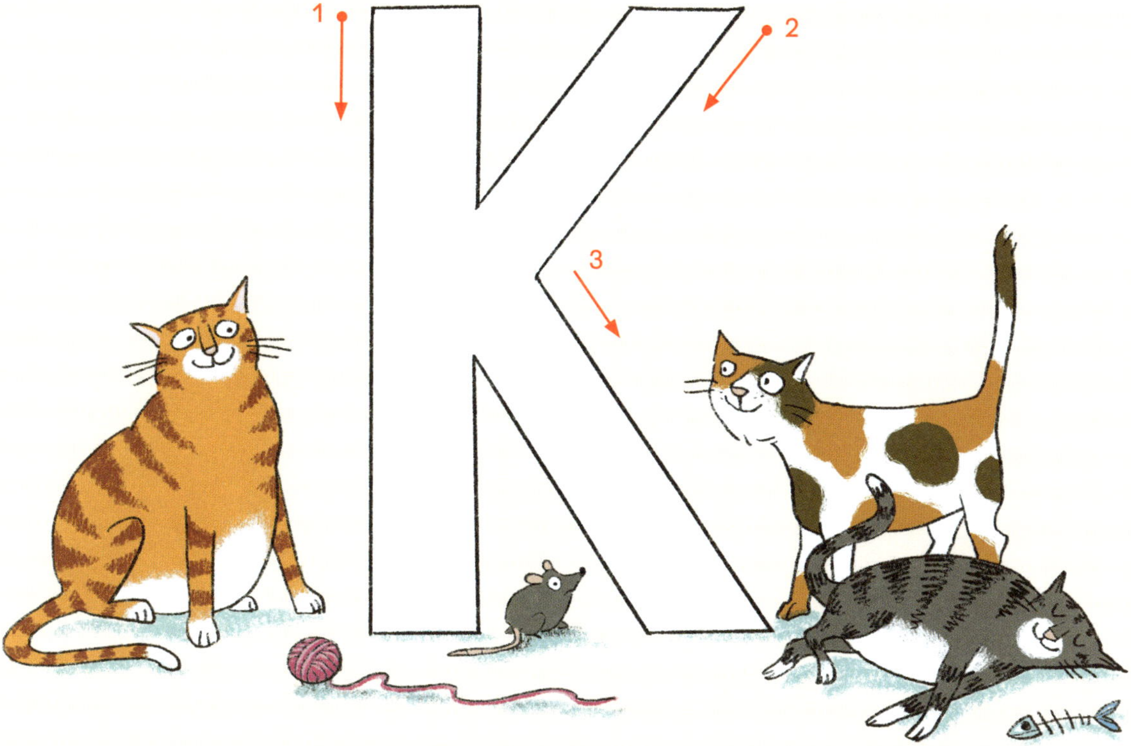

Der Name dieses Haustieres beginnt mit einem K.
Schreibe den Anfangsbuchstaben in das Kästchen.

☐ATZE

Hier kannst du das K üben:

Lösung: Das Haustier ist eine KATZE.

Findest du den richtigen Weg?

Wie kommt das kleine Kätzchen zu seiner Mutter?
Es darf nur die Steine mit **K** betreten.

L	L	L	T	T	L	F	F	F	T	F	L	L	K	T
T	T	F	L	K	L	X	X	F	F	T	T	X	K	E
L	X	X	T	L	K	F	F	F	L	W	K	K	K	X
F	W	W	K	K	K	F	T	K	L	W	K	E	E	F
E	T	W	K	X	K	T	F	T	F	W	K	T	F	E
F	X	W	K	X	K	K	W	W	W	K	T	E	E	
X	X	W	K	T	E	F	K	K	K	K	T	E	F	
T	E	F	K	K	K	X	X	T	E	F	F	T	E	X
E	T	F	L	E	K	T	E	F	L	T	T	E	L	L
E	L	L	F	X	K	K	K	X	T	E	W	W	W	W
F	T	E	F	W	W	W	K	K	K	K	W	W	W	W
L	K	F	F	T	L	W	W	W	K	W	W	W	W	W
L	T	K	F	E	L	K	K	K	K	T	E	F	X	
X	L	T	K	K	K	K	L	T	E	F	F	X	L	E
E	K	K	K	L	X	W	W	W	L	T	E	F	L	F
K	K	X	L	T	E	W	W	W	T	E	F	X	L	K
K	X	T	E	F	X	W	W	W	T	L	F	E	F	L

Lösung:

L	L	L	T	T	L	F	F	F	T	F	L	L	K	T
T	T	F	L	K	L	X	X	F	F	T	T	X	K	E
L	X	X	T	L	K	F	F	F	L	W	K	K	K	X
F	W	W	K	K	K	F	T	K	L	W	K	E	E	F
E	T	W	K	X	K	T	F	T	F	W	K	T	F	E
F	X	W	K	X	K	K	K	W	W	W	K	T	E	E
X	X	W	K	T	E	F	K	K	K	K	K	T	E	F
T	E	F	K	K	K	X	X	T	E	F	F	T	E	X
E	T	F	L	E	K	T	E	F	L	T	T	E	L	L
E	L	L	F	X	K	K	X	T	E	W	W	W	W	W
F	T	E	F	W	W	W	K	K	K	K	W	W	W	W
L	K	F	F	T	L	W	W	W	W	K	W	W	W	W
L	T	K	F	E	L	K	K	K	K	K	T	E	F	X
X	L	T	K	K	K	K	L	T	E	F	F	X	L	E
E	K	K	K	L	X	W	W	W	L	T	E	F	L	F
K	K	X	L	T	E	W	W	W	T	E	F	X	L	K
K	X	T	E	F	X	W	W	W	T	L	F	E	F	L

Von A bis K

Verbinde die Buchstaben in der richtigen Reihenfolge und du siehst,
wer sich hier versteckt. Male das Bild bunt an.

Lösung:

LuLa-Land

Im **L**and der **L**angen **LuL**atsche besteht alles aus **L**angen **L**!
Fahre jedes **L** farbig nach. Wie viele **L** zählst du?

Es sind ☐☐ **L**.

Lösung:

Es sind **10 L**.

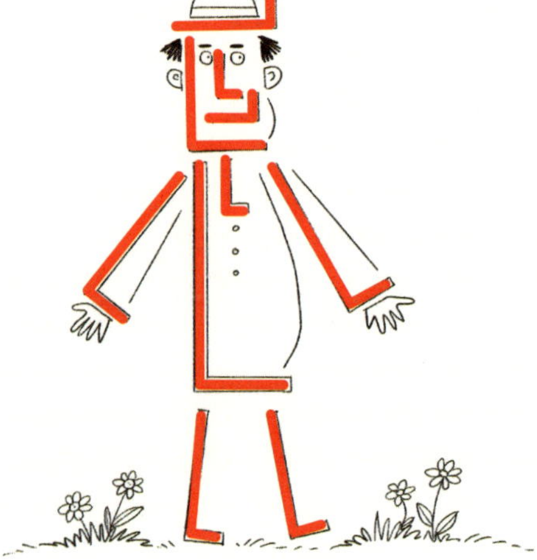

Schreibe das große L!

Fahre das große L mit 5 verschiedenen bunten Stiften nach.

Dieses Tier hat ein weiches Fell und sein Name beginnt mit einem L.
Schreibe den Anfangsbuchstaben in das Kästchen.

Hier kannst du das L üben:

Lösung: Das Tier mit dem weichen Fell ist ein LAMA.

Gut versteckt!

Vater Hahn steht auf dem Misthaufen und zählt seine Küken.
10 müssen es sein. Findest du sie alle? Kreise ein.

Lösung:

L wie Lampe

Verbinde die Bilder, die mit einem **L** anfangen,
mit dem Buchstaben in der Mitte.

Lösung:

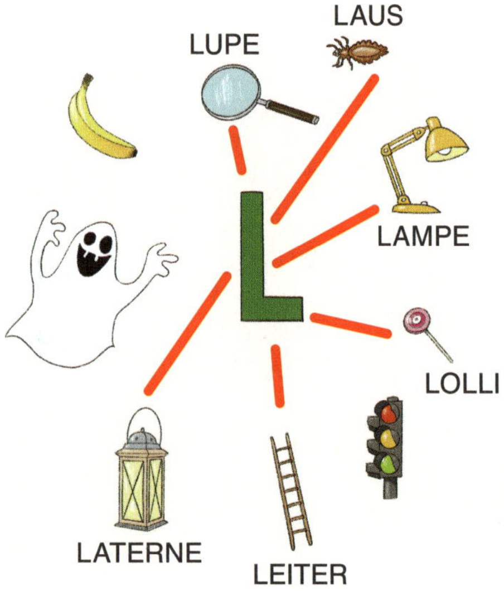

LAUS

LUPE

LAMPE

L

LOLLI

LATERNE

LEITER

Mal frische Luft schnappen

Wurm Wusel möchte mal wieder an die Erdoberfläche.
Doch an jedem Ausgang sitzt ein Vogel und wartet auf ihn.
Nur ein Weg ist frei, findest du ihn?

Lösung:

Was klingt am Anfang gleich?

Schreibe die Anfangsbuchstaben in die Kästchen. Verwende für jeden Buchstaben, der gleich klingt, dieselbe Farbe.

☐ IBELLE

☐ ÄFER

☐ ACKE

☐ UNGE

☐ EKS

☐ ÄNGURU

☐ OGHURT

☐ AMPE

☐ ÖWENZAHN

Lösung:

Zick-Zack

Familie Igel fehlen ihre spitzen Stacheln. Magst du sie einzeichnen?

Schreibe das große M!

Fahre das große M mit 5 verschiedenen bunten Stiften nach.

Der Name dieses kleinen Tieres beginnt mit einem M.
Schreibe den Anfangsbuchstaben in das Kästchen.

AUS

Hier kannst du das M üben:

MMM   M

MMM   M

Lösung: Das kleine Tier ist eine MAUS.

Unter dem Meer!

Nixe Nele hat gerade eine Schatzkiste auf dem Meeresboden entdeckt. Was da wohl drin ist? Male das Bild fertig.

Neles Haare sind blond und ihr Fischschwanz ist türkis .

Ihre Freunde, die Fische Max und Moritz, haben grüne und blaue Schuppen . Die Muscheln sind pink .

Male den Schatz in die Kiste.

Lösung:

Wo hörst du ein M?

In jeder Reihe beginnt ein Wort nicht mit einem **M**.
Streiche es durch. Achtung, einmal sind es sogar zwei Wörter.
Male die Bilder mit **M** an.

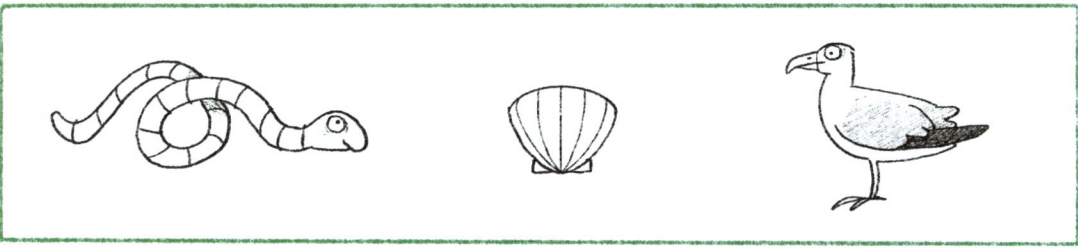

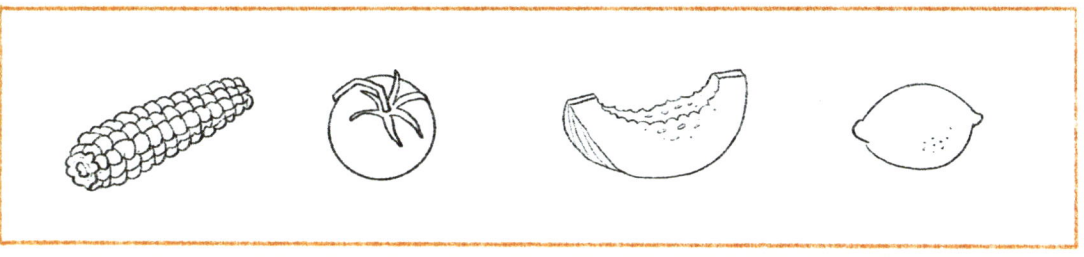

Lösung:

MAUS   ~~GESPENST~~   MONSTER

~~SCHLANGE~~   MUSCHEL   MÖWE

MAIS   ~~TOMATE~~   MELONE   ~~ZITRONE~~

MAULWURF   ~~PIRAT~~   MAMMUT

Im Zoo

Findest du die Tiere im Zoo? Schreibe die Zahlen an die richtigen Stellen im Bild. Male es bunt an.

1

2

3

4

5

6

Lösung:

Kennst du diesen Buchstaben?

Male alle Felder mit einem Viereck gelb ▮, mit einem Kreis rot ●
und mit einem Dreieck blau ▲ an.

Lösung:

Schreibe das große N!

Fahre das große N mit 5 verschiedenen bunten Stiften nach.

Der Name dieses Tieres mit einem Horn beginnt mit einem N.
Schreibe den Anfangsbuchstaben in das Kästchen.

ASHORN

Hier kannst du das N üben:

Lösung: Das Tier mit einem Horn ist ein NASHORN.

Was für ein Chaos!

Die Strümpfe sind frisch gewaschen und hängen
auf der Wäscheleine. Welche 2 gehören zusammen?
Verbinde. Ein Strumpf bleibt übrig.

Lösung:

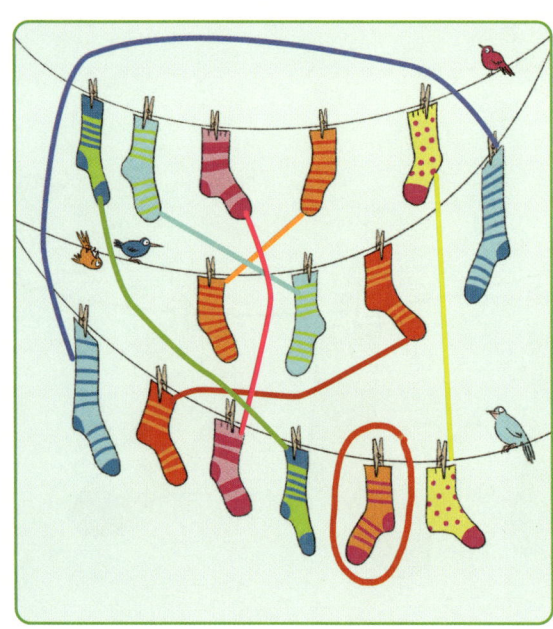

Nudelsuppe

Der Nikolaus liebt Buchstaben-Suppe. Aber er isst nur
den Buchstaben **N**. Kreise alle **N** im Suppentopf ein.
Wie viele sind es?

In der Suppe schwimmen ☐ **N**.

Lösung:

In der Suppe schwimmen 8 N.

Bunte Eier

Fahre die Ostereier nach. Schaffst du es einmal rum, ohne den Stift abzusetzen? Verziere die Eier mit bunten Mustern.

Lösung:

Schreibe das große O!

Fahre das große O mit 5 verschiedenen bunten Stiften nach.

Dieses Tier lebt in der Nähe des Wassers und sein Name beginnt mit einem O. Schreibe den Anfangsbuchstaben in das Kästchen.

TTER

Hier kannst du das O üben:

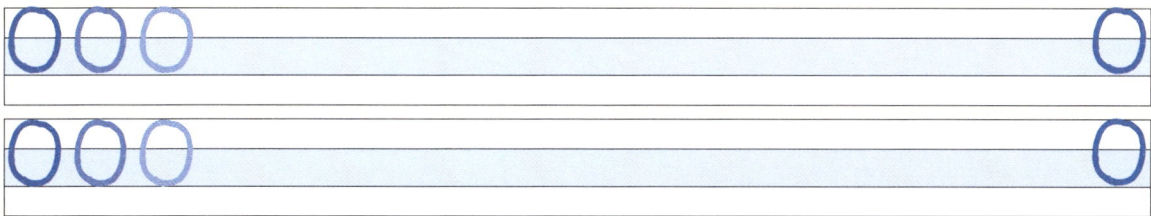

Lösung: Das Tier ist ein OTTER.

Mops-Parade

Die Möpse sehen alle gleich aus! Doch zwei sind ein bisschen anders. Schau genau hin und kreise sie ein.

Lösung:

Versteckspiel

Wie oft haben sich **OMA** und **OPA** in diesem Suchsel versteckt?
Suche von links nach rechts und von oben nach unten.
Male die Felder aus.

B	O	M	A	G	O	P	A
E	N	X	D	Z	V	D	T
O	Q	O	P	A	I	O	E
M	K	P	C	N	Y	M	L
A	U	A	S	O	M	A	Y
W	J	W	F	M	H	G	O
O	P	A	C	A	D	R	P
L	I	R	U	X	B	K	A
O	M	A	H	C	R	O	G
H	F	E	O	S	J	M	B
Q	Z	N	P	K	I	A	L
J	O	P	A	Q	V	T	F

OMA: ☐   **OPA:** ☐

Lösung:

OMA und OPA haben sich beide 7-mal
im Suchsel versteckt.

B	O	M	A	G	O	P	A
E	N	X	D	Z	V	D	T
O	Q	O	P	A	I	O	E
M	K	P	C	N	Y	M	L
A	U	A	S	O	M	A	Y
W	J	W	F	M	H	G	O
O	P	A	C	A	D	R	P
L	I	R	U	X	B	K	A
O	M	A	H	C	R	O	G
H	F	E	O	S	J	M	B
Q	Z	N	P	K	I	A	L
J	O	P	A	Q	V	T	F

Nur kräftig pusten

So schöne Seifenblasen! Magst du sie ganz bunt anmalen?

Was hörst du am Anfang?

Sprich die Wörter laut aus und höre genau hin.
Schreibe den richtigen Buchstaben in die Kästchen.

☐ AMMUT

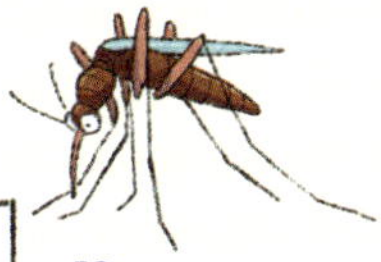

☐ ÜCKE

☐ MA

☐ IXE

☐ EST

☐ KTOPUS

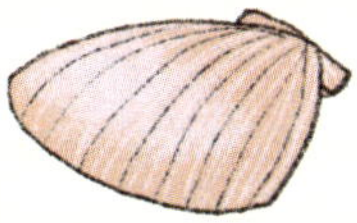

☐ USCHEL

☐ USS

☐ BST

Knack die Nuss!

In jeder Nuss ist ein Wort mit **N** versteckt.
Kennst du es und kannst es schon richtig aufschreiben?
Sonst lass dir beim Schreiben helfen.

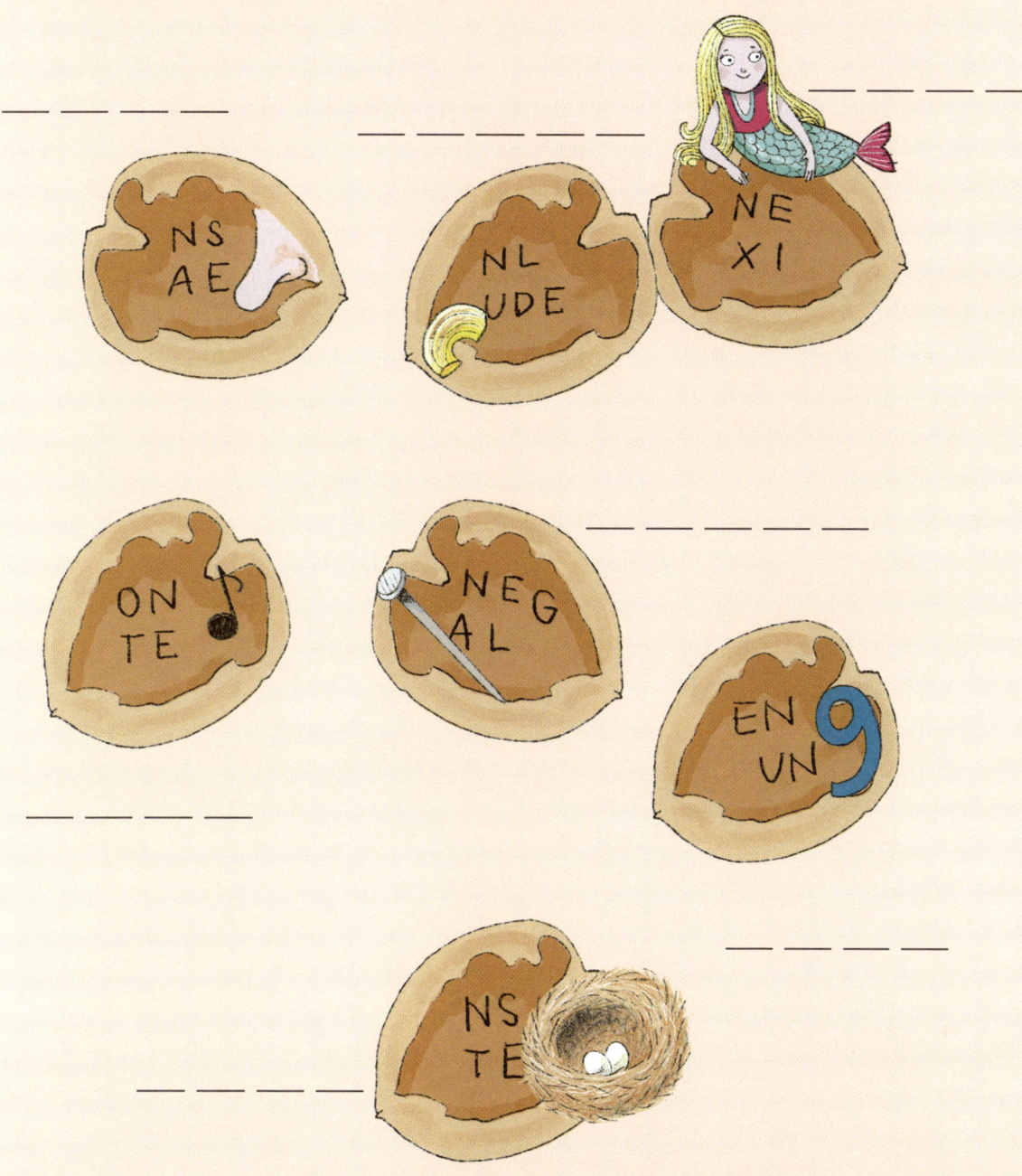

Lösung:

Die Wörter mit **N** sind:

NASE

NUDEL

NIXE

NOTE

NAGEL

NEUN **9**

NEST

Schwing auf und ab

Male jede Spur bis ans Ende der Zeile weiter.

Schreibe das große P!

Fahre das große P mit 5 verschiedenen bunten Stiften nach.

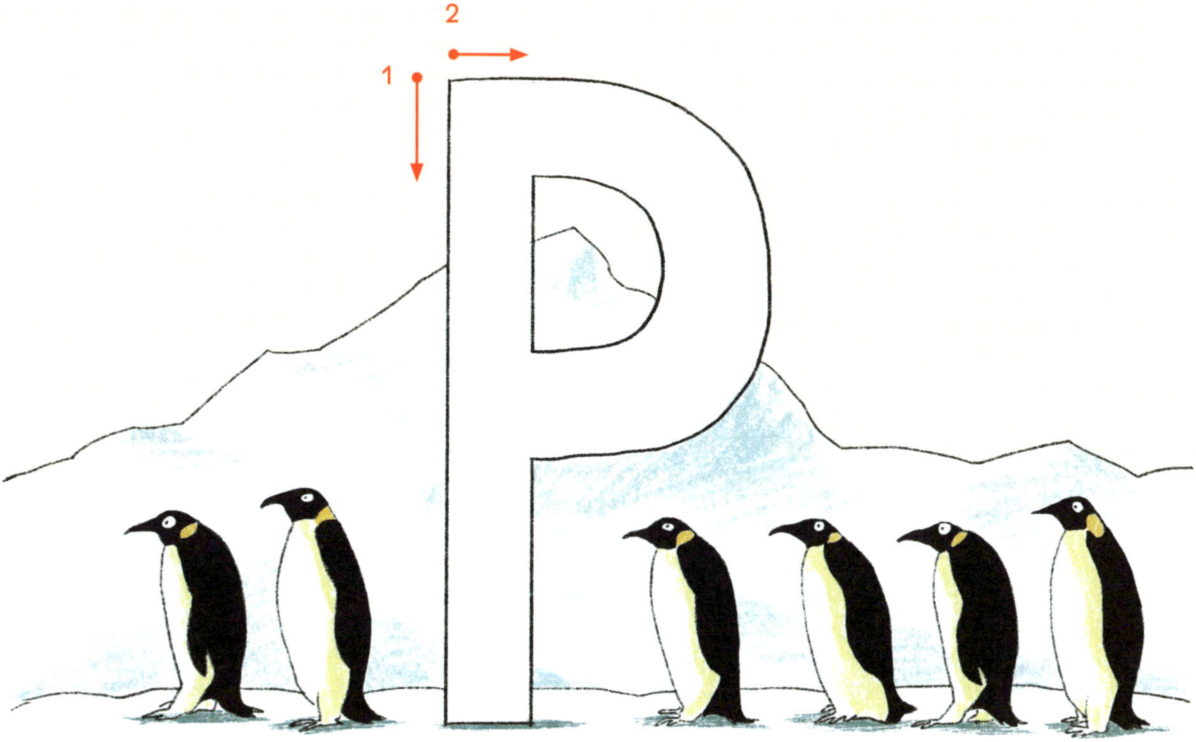

Dieses Tier friert nicht und sein Name beginnt mit einem P.
Schreibe den Anfangsbuchstaben in das Kästchen.

☐INGUIN

Hier kannst du das P üben:

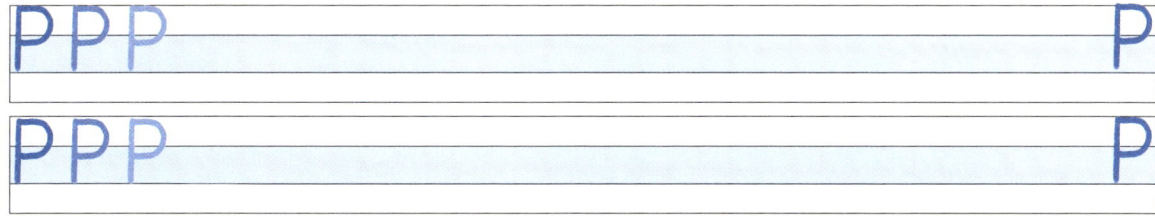

Lösung: Das Tier ist ein PINGUIN.

P wie Papagei

Verbinde die Bilder, die mit einem **P** anfangen,
mit dem Buchstaben in der Mitte.

Lösung:

PALME

PAPAGEI

PAPRIKA

PIZZA

PILZ

PIRAT

Süße Früchte

Zwischen all dem Obst haben sich ein paar Süßigkeiten versteckt.
Finde sie und kreise sie ein.

Lösung:

Großes O mit kleinem Strich!

Aus jedem großen O wird mit einem kleinen Strich ein großes Q.
Fahre die O nach und ergänze die Striche.

Schreibe das große Q!

Fahre das große Q mit 5 verschiedenen bunten Stiften nach.

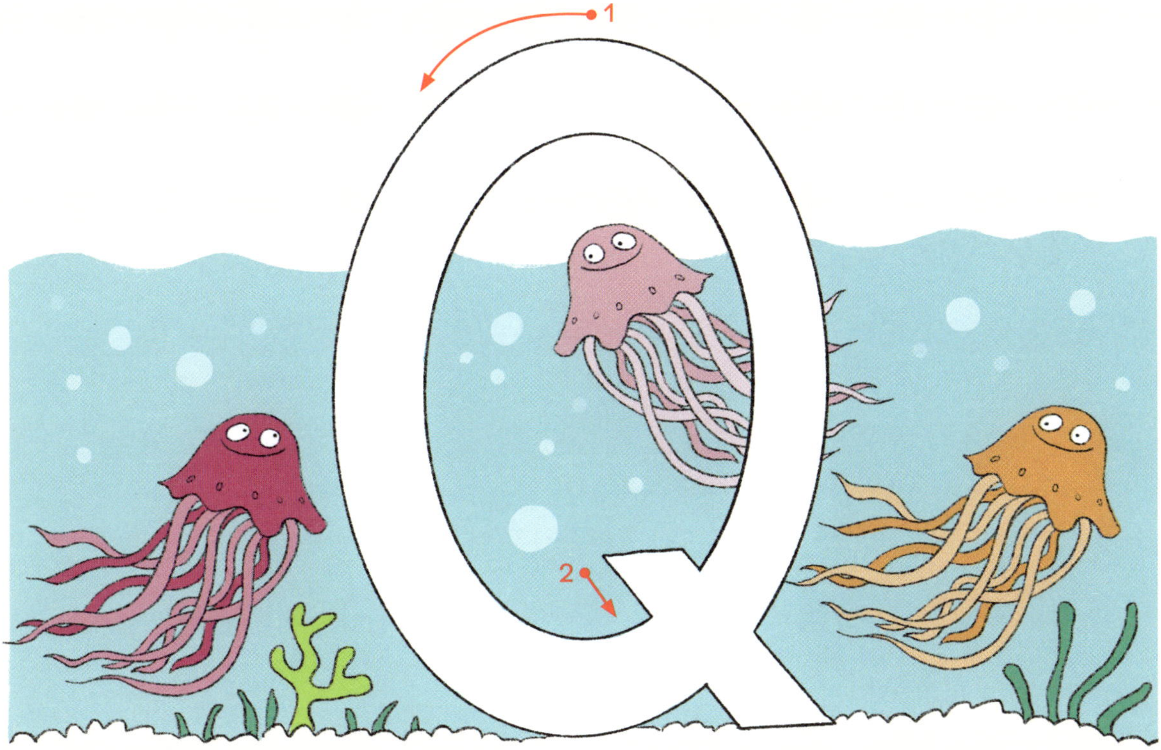

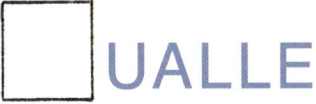

Dieses Tier ist fast durchsichtig und sein Name beginnt mit einem Q.
Schreibe den Anfangsbuchstaben in das Kästchen.

☐ UALLE

Hier kannst du das Q üben:

Q Q Q Q

Q Q Q Q

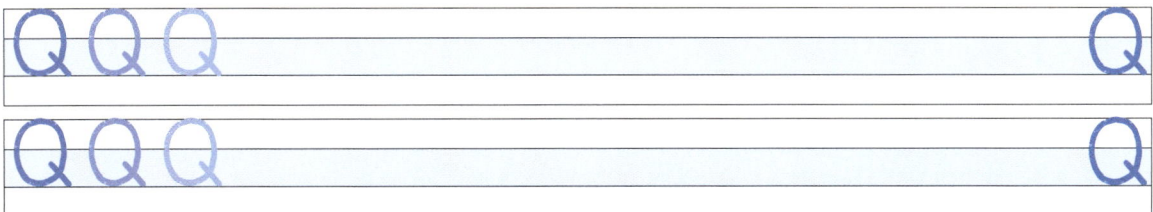

Lösung: Das fast durchsichtige Tier ist eine QUALLE.

O oder Q?

Kreise die Wörter ein, die mit einem **Q** anfangen.
Schreibe **O** oder **Q** an den Anfang der Wörter.

> **Tipp!** Alle Wörter mit **Q** am Anfang haben als zweiten Buchstaben ein **U**! Du schreibst also immer **QU**.

_____STEREI

_____ARK

_____FEN

_____ADRAT

_____ALM

_____RANGE

Lösung:

OSTEREI

QUARK

OFEN

QUADRAT

QUALM

ORANGE

Die Wörter mit QU sind: **QU**ARK, **QU**ADRAT und **QU**ALM.

Suche die Ausschnitte!

Welche 3 Teile findest du im Bild wieder?
Kreuze sie an und male dann das Bild bunt aus.

Lösung:

Ahoi und beim Klabautermann!

Pirat Pele ist schon über alle 7 Meere gesegelt.
Male das Bild richtig an.

Pele hat einen roten Bart und einen schwarzen Hut.
Sein Mantel ist blau und seine Hose ist rot.
Sein Holzbein ist braun. Sein Papagei hat viele bunte Federn.

Lösung:

Was blüht denn da?

Male alle Felder mit einem **R** rot, mit einem **B** grün, mit einem **G** lila und mit einem **H** hellblau an.

Lösung:

Hier blüht eine ROSE.

Schreibe das große R!

Fahre das große R mit 5 verschiedenen bunten Stiften nach.

Dieses Tier hat schwarze Federn und sein Name beginnt mit einem R. Schreibe den Anfangsbuchstaben in das Kästchen.

ABE

Hier kannst du das R üben:

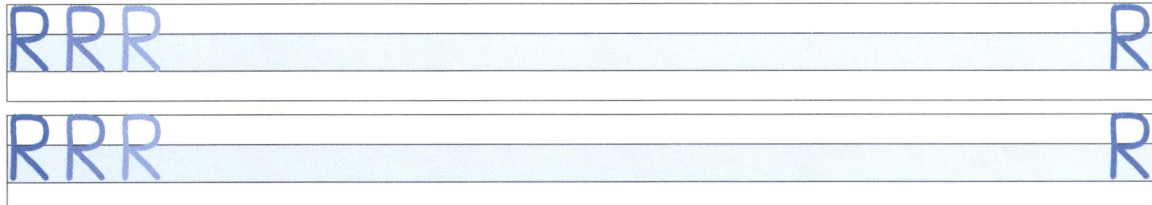

Lösung: Das Tier mit schwarzen Federn ist ein RABE.

Fahrzeug-Vergleich

Nur ein Bild in der Reihe sieht genauso aus wie das erste.
Male es mit denselben Farben an.

Lösung:

Wo hörst du ein R?

In jeder Reihe beginnt ein Wort nicht mit einem R. Streiche es durch.
Achtung, einmal sind es sogar zwei Wörter. Male die Bilder mit R an.

Lösung:

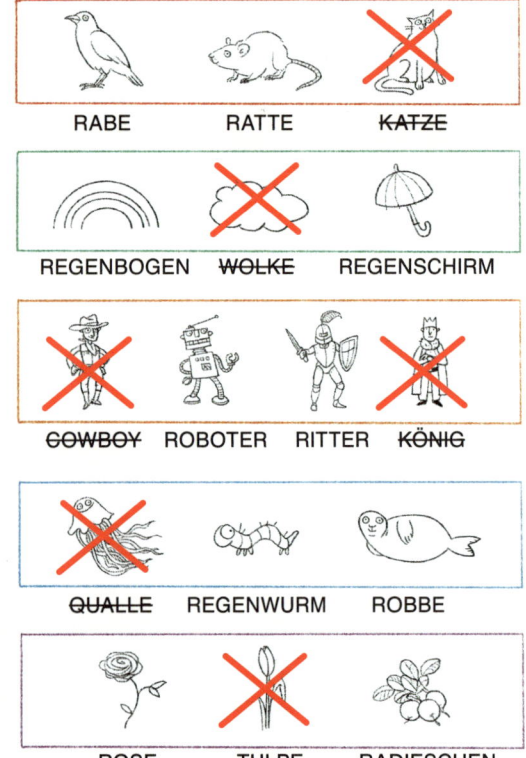

RABE   RATTE   ~~KATZE~~

REGENBOGEN ~~WOLKE~~ REGENSCHIRM

~~COWBOY~~ ROBOTER RITTER ~~KÖNIG~~

~~QUALLE~~ REGENWURM ROBBE

ROSE   ~~TULPE~~   RADIESCHEN

Was hörst du am Anfang?

Sprich die Wörter laut aus und höre genau hin.
Verbinde mit dem richtigen Buchstaben.

P
Q

P
R

R
Q

R
P

P
R

P
Q

Q
R

R
Q

Lösung:

 QUALLE

 ROSE

 PALME

 **Q**UARK

 RAKETE

 PUPPE

 QUALM

 RITTER

Schlangenspuren

Wohin führen die Spuren? Fahre sie mit den 4 Farben nach und male die Schlangen in derselben Farbe an. Beginne im Nest.

Lösung:

Schreibe das große S!

Fahre das große S mit 5 verschiedenen bunten Stiften nach.

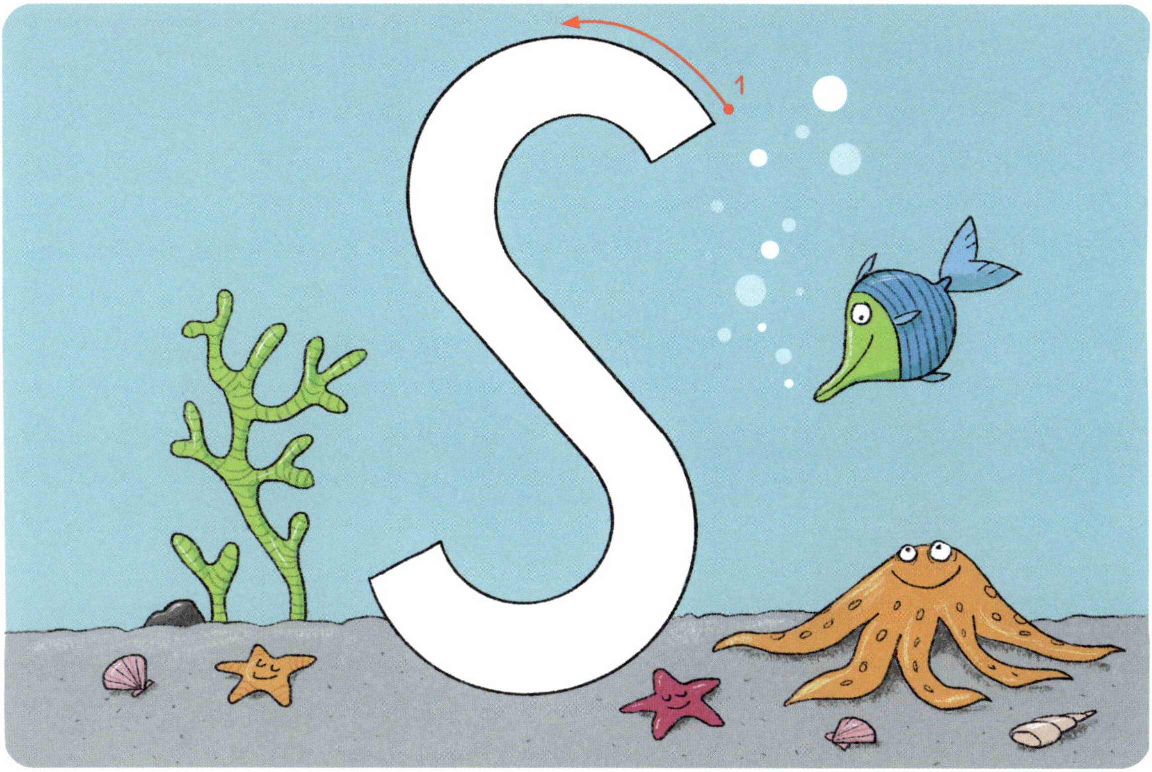

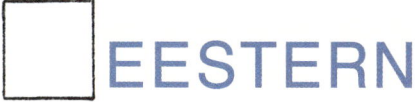

Dieses Tier hat fünf Arme und sein Name beginnt mit einem S.
Schreibe den Anfangsbuchstaben in das Kästchen.

☐ EESTERN

Hier kannst du das S üben:

S S S S

S S S S

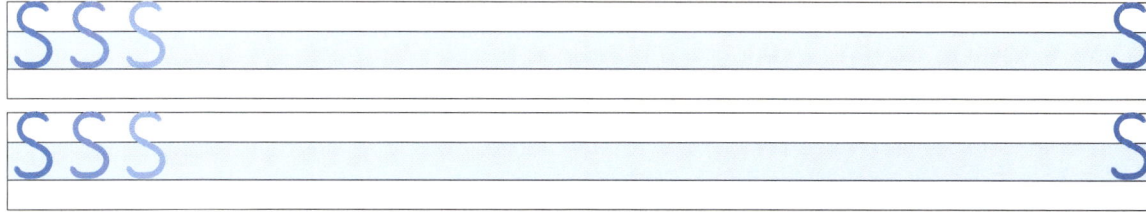

Lösung: Das Tier mit den fünf Armen ist ein SEESTERN.

Formen zählen

Wie viele Formen sind es? Zähle und schreibe die Zahlen auf.

◯ : __   △ : __   ▢ : __   ◯ : __   △ : __   ▢ : __

Lösung:

○ : <u>4</u>   △ : <u>3</u>   □ : <u>2</u>   ○ : <u>5</u>   △ : <u>3</u>   □ : <u>4</u>

Auf Wörtersuche

Finde die Wörter mit **S** im Suchsel und färbe sie ein.

SÄGE

SACK

SOFA

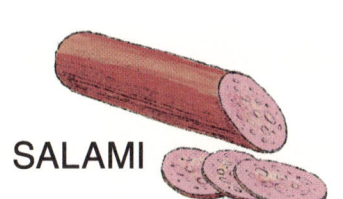
SALAMI

SALAT

S	A	C	K	J	E	V	G
Ä	Z	E	R	S	O	F	A
G	D	A	X	A	B	K	F
E	P	S	A	L	A	T	Q
G	A	I	N	A	Z	R	M
P	F	W	D	M	Q	F	I
H	S	A	L	A	M	I	X
N	E	S	W	N	O	A	S
T	I	U	O	D	L	C	O
J	F	V	M	E	C	Y	N
B	E	C	E	R	H	U	N
K	S	L	B	Y	T	D	E

SEIFE

SONNE

SALAMANDER

Lösung:

S	A	C	K	J	E	V	G
Ä	Z	E	R	S	O	F	A
G	D	A	X	A	B	K	F
E	P	S	A	L	A	T	Q
G	A	I	N	A	Z	R	M
P	F	W	D	M	Q	F	I
H	S	A	L	A	M	I	X
N	E	S	W	N	O	A	S
T	I	U	O	D	L	C	O
J	F	V	M	E	C	Y	N
B	E	C	E	R	H	U	N
K	S	L	B	Y	T	D	E

Einer gehört nicht dazu!

Immer ein Wort in der Reihe gehört nicht dorthin.
Streiche das Wort dort durch und schreibe es in die richtige Reihe.

HASE   ~~IGLU~~   MAUS   _ _ _ _

MESSER   GURKE   LÖFFEL   _ _ _ _ _ _

TOMATE   MAIS   APFEL   _ _ _ _ _

ORANGE   AMSEL   ZITRONE   _ _ _ _ _ _

HAUS   ZELT   GABEL   I G L U

Lösung:

HASE, MAUS und AMSEL sind Tiere.

MESSER, LÖFFEL und GABEL gehören zum Besteck.

TOMATE, MAIS und GURKE sind Gemüse.

APFEL, ORANGE und ZITRONE gehören zum Obst.

Im HAUS, ZELT und IGLU kann man wohnen.

Männlein auf einem Bein

So viele leckere Pilze! Und alle ohne Stiel. Male sie schnell fertig!

Schreibe das große T!

Fahre das große T mit 5 verschiedenen bunten Stiften nach.

Der Name dieses Raubtieres beginnt mit einem T.
Schreibe den Anfangsbuchstaben in das Kästchen.

IGER

Hier kannst du das T üben:

T T T .... T

T T T .... T

Lösung: Das Raubtier ist ein TIGER.

T wie Tafel

Verbinde die Bilder, die mit einem **T** anfangen,
mit dem Buchstaben in der Mitte.

Lösung:

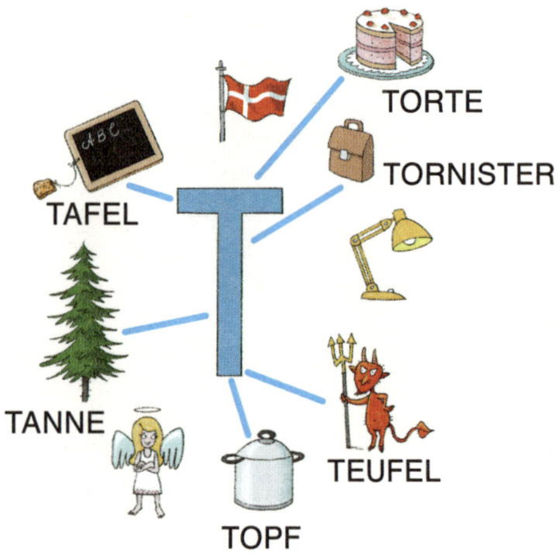

TORTE

TORNISTER

TAFEL

TANNE

TEUFEL

TOPF

Mehr verrückte Buchstaben

Diese 3 Buchstaben haben sich fein gemacht. Male sie bunt an.

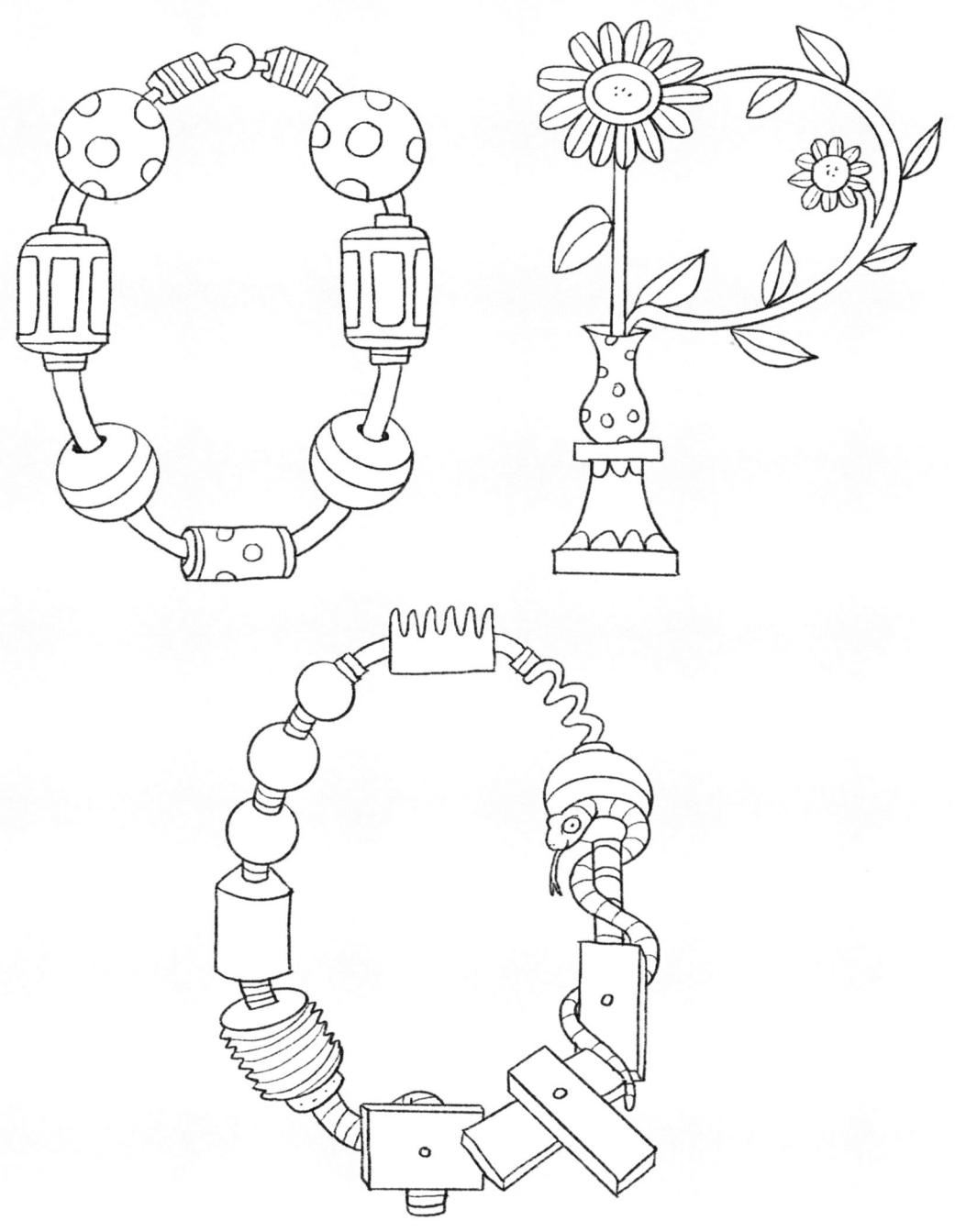

Auf der Baustelle

Suche die 8 Wörter im Suchsel.

SÄGE

HAMMER

HELM

PINSEL

N	Ä	Z	C	G	Q	U	Ü	P	Z
R	L	E	Q	T	S	Y	F	I	O
H	E	L	M	T	C	M	D	N	P
E	I	Y	Ä	I	H	P	G	S	I
M	T	V	G	H	A	M	M	E	R
D	E	P	S	A	U	W	S	L	C
A	R	C	J	K	F	Q	N	B	X
F	J	S	Ä	G	E	S	X	V	E
W	B	L	O	M	L	K	W	I	Ö
Y	K	A	X	Ü	A	R	F	T	L
Ö	W	U	J	H	D	A	Z	H	B
R	H	N	R	U	L	N	V	O	K

LEITER

SCHAUFEL

LKW

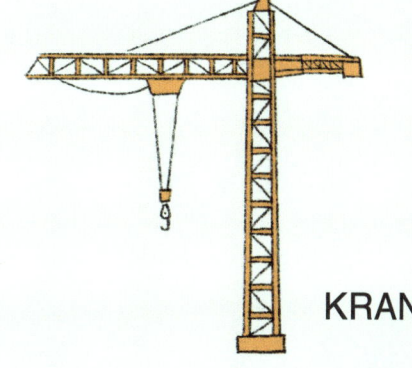

KRAN

Lösung:

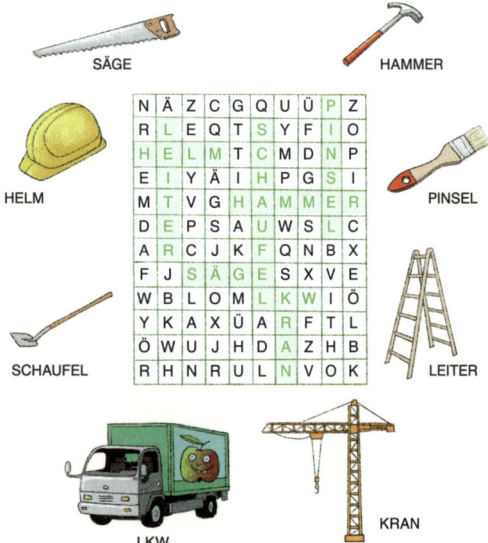

SÄGE

HAMMER

HELM

N	Ä	Z	C	G	Q	U	Ü	P	Z
R	L	E	Q	T	S	Y	F	I	O
H	E	L	M	T	C	M	D	N	P
E	I	Y	Ä	I	H	P	G	S	I
M	T	V	G	H	A	M	M	E	R
D	E	P	S	A	U	W	S	L	C
A	R	C	J	K	F	Q	N	B	X
F	J	S	Ä	G	E	S	X	V	E
W	B	L	O	M	L	K	W	I	Ö
Y	K	A	X	Ü	A	R	F	T	L
Ö	W	U	J	H	D	A	Z	H	B
R	H	N	R	U	L	N	V	O	K

PINSEL

SCHAUFEL

LEITER

LKW

KRAN

Bunte Dächer

Jedes Turmdach hat eine andere Farbe. Ergänze die farbigen
Dachziegel. Male das Bild fertig an.

Schreibe das große U!

Fahre das große U mit 5 verschiedenen bunten Stiften nach.

Dieses Nachttier hat am Anfang und am Ende seines Namens ein U.
Schreibe die beiden Buchstaben in die Kästchen.

Hier kannst du das U üben:

Lösung: Das Nachttier ist ein UHU.

Wo hörst du das U?

Sprich die Wörter und kreuze an, wo du ein U hören kannst:
Am Anfang, in der Mitte oder am Ende?
Achtung, bei einem Wort kannst du das U an 2 Stellen hören.

Lösung:

☐☐☒
KANU

☒☐☒
UHU

☐☒☐
PUDEL

☒☐☐
UFO

☐☒☐
BUCH

☐☐☒
IGLU

☐☒☐
NUDEL

☒☐☐
UHR

Zurück nach Hause

Der kleine Uhu wohnt im großen Turm.
Zeig ihm den Weg zurück zum Nest.

Lösung:

Was hörst du am Anfang?

Sprich die Wörter laut aus und höre genau hin.
Schreibe den richtigen Buchstaben auf den Strich.

 _____OFA

 _____ORTE

 _____HR

 _____ALAT

 _____AFEL

 _____FO

 _____ONNENBLUME

 _____ANNE

 _____-BOOT

Lösung:

Die Wörter sind:

S: SOFA, SALAT, SONNENBLUME

T: TORTE, TAFEL, TANNE

U: UHR, UFO, U-BOOT

Bunt gemustert!

Setze die Muster in bunten Farben fort.

Schreibe das große V!

Fahre das große V mit 5 verschiedenen bunten Stiften nach.

Dieses Tier kann fliegen und sein Name beginnt mit einem V.
Schreibe den Anfangsbuchstaben in das Kästchen.

Hier kannst du das V üben:

Lösung: Das fliegende Tier ist ein VOGEL.

Suche die Verkehrszeichen!

Zähle: Wie viele Stopp-Schilder  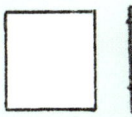, Ampeln   und Fußgängerüberwege   findest du im Bild?

Lösung:

Es sind 2 🛑 , 4 🚦 und 2 🚸 .

Die Kraniche fliegen davon!

Wie viele **V** findest du in diesem Bild?
Fahre sie farbig nach und zähle.

Lösung:

Es sind 3 V.

Gewitterwolken

Fahre die Blitze mit **Gelb** kräftig nach.

Schreibe das große W!

Fahre das große W mit 5 verschiedenen bunten Stiften nach.

Dieses Wassertier ist sehr groß und sein Name beginnt mit einem W.
Schreibe den Anfangsbuchstaben in das Kästchen.

AL

Hier kannst du das W üben:

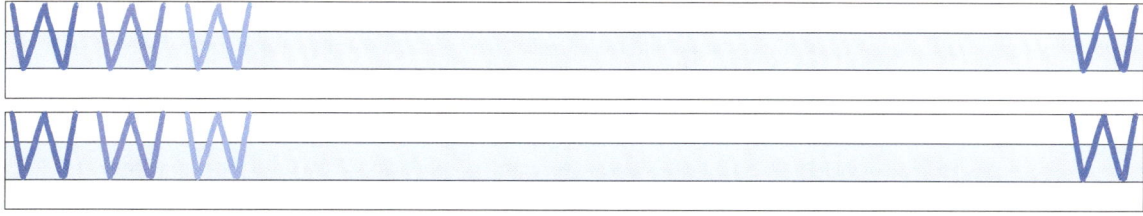

Lösung: Das große Wassertier ist ein WAL.

W wie Wurst

Verbinde die Bilder, die mit einem W anfangen,
mit dem Buchstaben in der Mitte.

Lösung:

WELLE   WÜRFEL   WURST

W

WOLKE

WELLENSITTICH   WIKINGER

Um Mitternacht

Schreibe die Zahlen an die richtigen Stellen im Bild.
Male es dann bunt an.

 1
 2
 3
 4
 5
 6

Lösung:

Abrakadabra!

Zauberer Abraxas kennt viele tolle Zaubersprüche.
Male das Bild richtig an.

Abraxas hat einen blauen Mantel  mit vielen gelben Sternen  .
Sein Bart  ist grau und seine Schuhe sind rot .
Was zaubert er da wohl gerade mit seinem Zauberstab?

BART

MANTEL

STERNE

SCHUHE

Lösung:

Gekreuzte Männchen

Wer ist hier zu sehen? Fahre die Symbole farbig nach.

✕ = schwarz ✳ = braun △ = gelb ☐ = grün ◯ = hellblau

Lösung:

Schreibe das große X!

Fahre das große X mit 5 verschiedenen bunten Stiften nach.

Diese Frau kann zaubern und in der Mitte ihres Namens ist ein X.
Schreibe den Buchstaben in das Kästchen.

Hier kannst du das X üben:

Lösung: Die Frau ist eine HEXE.

Leben im Watt

Zähle alle Seesterne, Muscheln und Schnecken.

Es sind ⬜ ⭐ , ⬜ 🐚 und ⬜ 🐌 .

Lösung: Es sind 6 , 8 und 5 .

Wer lebt wo?

Immer 3 Tiere leben am selben Ort. Unter der Erde, am Teich, im Wald oder in den Bergen. Verbinde sie.

Lösung:

Wie wird das Wetter?

Suche die 6 Wetter-Wörter im Suchsel und male sie farbig an.

REGEN

SONNE

SCHNEE

REGENBOGEN

WIND

A	J	G	R	T	E	A	R
V	S	N	E	R	H	J	E
N	F	I	G	F	C	M	G
Y	S	D	E	U	X	P	E
S	O	N	N	E	M	G	N
C	D	Q	C	U	Z	Q	B
H	Y	L	B	M	K	P	O
N	Q	C	L	W	E	H	G
E	L	W	I	N	D	B	E
E	H	J	T	L	F	K	N
I	R	A	Z	V	T	G	X
W	O	D	O	Z	B	K	E

BLITZ

Lösung:

REGEN

SONNE

SCHNEE

A	J	G	R	T	E	A	R
V	S	N	E	R	H	J	E
N	F	I	G	F	C	M	G
Y	S	D	E	U	X	P	E
S	O	N	N	E	M	G	N
C	D	Q	C	U	Z	Q	B
H	Y	L	B	M	K	P	O
N	Q	C	L	W	E	H	G
E	L	W	I	N	D	B	E
E	H	J	T	L	F	K	N
I	R	A	Z	V	T	G	X
W	O	D	O	Z	B	K	E

REGENBOGEN

WIND

BLITZ

Kennst du diesen Buchstaben?

Male alle Felder mit einem Kreis pink ●, mit einem Quadrat lila ■
und mit Dreiecken hellblau ▲ an.

Lösung:

Schreibe das große Y!

Fahre das große Y mit 5 verschiedenen bunten Stiften nach.

Mit welchem Plüschtier kannst du gut kuscheln? Am Ende seines Namens steht ein Y. Schreibe den Buchstaben in das Kästchen.

TEDD☐

Hier kannst du das Y üben:

Lösung: Mit einem TEDDY kann man super kuscheln.

Noch mehr verrückte Buchstaben!

Die 3 Buchstaben haben sich fein gemacht, male sie noch bunt an.

Quer gestreift

Male alle Felder mit **V** schwarz, mit **W** hellbraun, mit **G** grün
und mit **B** blau an.

Lösung:

Was gehört zusammen?

Immer 2 Dinge gehören zusammen. Verbinde sie.
Male alles bunt an.

Lösung:

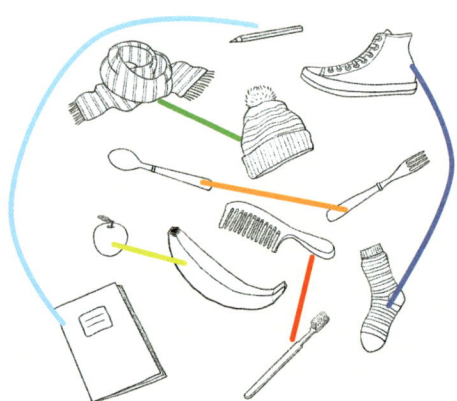

Schreibe das große Z!

Fahre das große Z mit 5 verschiedenen bunten Stiften nach.

Dieses Tier ist gestreift und sein Name beginnt mit einem Z.
Schreibe den Anfangsbuchstaben in das Kästchen.

EBRA

Hier kannst du das Z üben:

Lösung: Das gestreifte Tier ist ein ZEBRA.

Wo hörst du ein Z?

In jeder Reihe beginnt ein Wort nicht mit einem **Z**.
Streiche es durch. Achtung, zweimal sind es sogar zwei Wörter.
Male die Bilder mit **Z** an.

 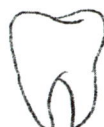 

 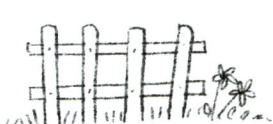 

2   5   12   7

Lösung:

~~AUGE~~   ZAHN   ZEH

ZAUBERER   ~~HEXE~~   ~~MONSTER~~   ZWERG

~~HAUS~~   ZAUN   ZIEGEL

ZEBRA   ~~PFERD~~   ZIEGE

2   ~~FÜNF~~   12   ~~SIEBEN~~
ZWEI   ~~FÜNF~~   ZWÖLF   ~~SIEBEN~~

Wer wird Erste?

Die Schnecken Xenia, Yari und Zacharias laufen um die Wette.
Nur eine kommt bei den leckeren Erdbeeren an. Welche?

Gewonnen hat: Xenia ☐ , Yari ☐ oder Zacharias ☐ .

Lösung:

Gewonnen hat Zacharias.

Wo hörst du das EI?

Sprich die Wörter und kreuze an,
wo du ein EI hören kannst:
Am Anfang, mitten im Wort oder
am Schluss?

Wenn du E und I hintereinanderschreibst und laut liest, hörst du ein EI.

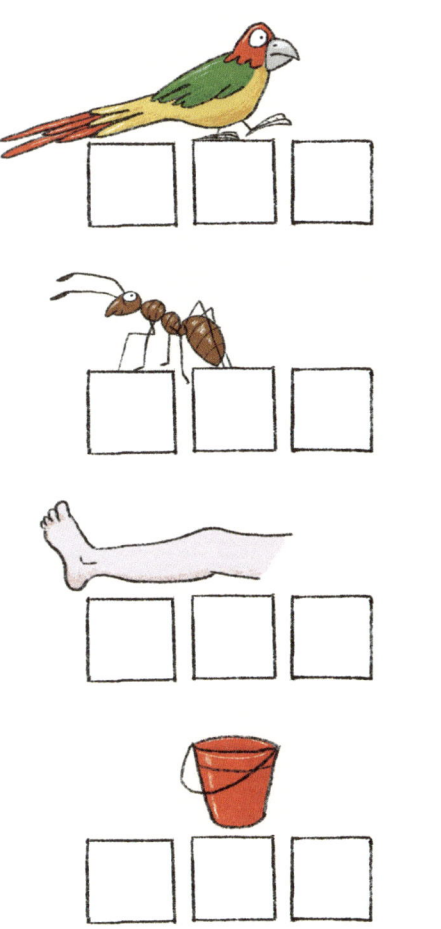

Hier kannst du das EI üben:

Lösung:

PAPAGEI

SCHWEIN

AMEISE

EICHHÖRNCHEN

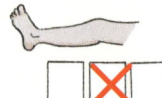
BEIN

LEITER

EIMER

EIS

EU wie Eule und Euter

Verbinde die Bilder mit einem **EU** mit
den beiden Buchstaben in der Mitte.

Wenn du E und U hintereinanderschreibst und laut liest, hörst du ein EU.

EU

9

Hier kannst du das **EU** üben:

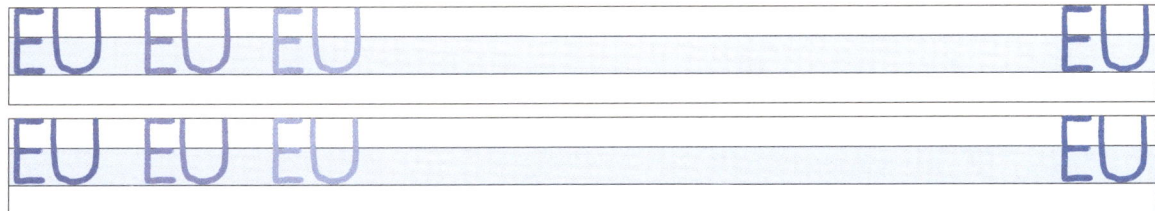

EU EU EU   EU

EU EU EU   EU

Lösung:

EURO

EULE

TEUFEL

FEUER

NEUN

HEUSCHRECKE

Suche das AU!

Finde die Wörter mit **AU** im Suchsel und färbe sie ein.

Wenn du A und U hintereinanderschreibst und laut liest, hörst du ein AU.

KAULQUAPPE

ZAUBERER

LAUS

W	A	Z	E	K	W	D	T
F	V	A	M	A	U	T	O
R	P	U	Z	U	O	G	I
H	J	B	Z	L	A	U	S
O	N	E	A	Q	U	S	C
Y	G	R	M	U	R	X	K
C	B	E	C	A	H	N	B
S	E	R	V	P	E	U	F
D	Z	T	I	P	A	L	H
T	A	U	B	E	Q	X	A
B	U	L	D	F	P	K	U
Q	N	J	Y	M	A	U	S

AUTO

HAUS

TAUBE

MAUS

ZAUN

Hier kannst du das **AU** üben:

AU AU AU   AU

AU AU AU   AU

Lösung:

ZAUBERER

KAULQUAPPE

LAUS

AUTO

HAUS

TAUBE

MAUS

ZAUN

W	A	Z	E	K	W	D	T
F	V	A	M	A	U	T	O
R	P	U	Z	U	O	G	I
H	J	B	Z	L	A	U	S
O	N	E	A	Q	U	S	C
Y	G	R	M	U	R	X	K
C	B	E	C	A	H	N	B
S	E	R	V	P	E	U	F
D	Z	T	I	P	A	L	H
T	A	U	B	E	Q	X	A
B	U	L	D	F	P	K	U
Q	N	J	Y	M	A	U	S

Von A bis Z

Verbinde die Buchstaben des Abc in der richtigen Reihenfolge.

Lösung:

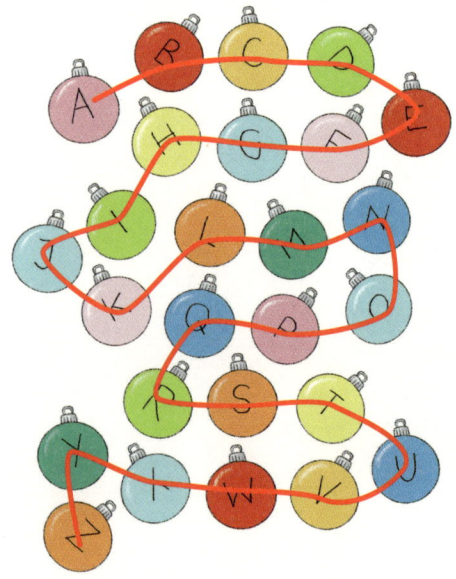

Bunter Abc-Mix

Schreibe zu jedem Bild den Buchstaben, den du am Anfang des Wortes hören kannst.

Lösung:

Abc-Schnecke

Fahre die Buchstaben von A bis Z 3-mal farbig nach.

Schreibe das **Abc** rückwärts auf:

Z

A

Lösung:

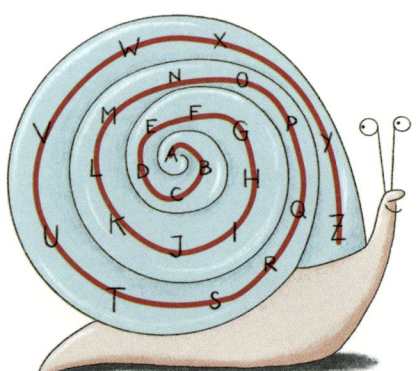

Abc rückwärts: Z Y X W V U T S R Q P O N M L K J I H G F E D C B A

Welche Buchstaben sind hier versteckt?

Verbinde die Zahlen in der richtigen Reihenfolge und du erkennst die versteckten Buchstaben.

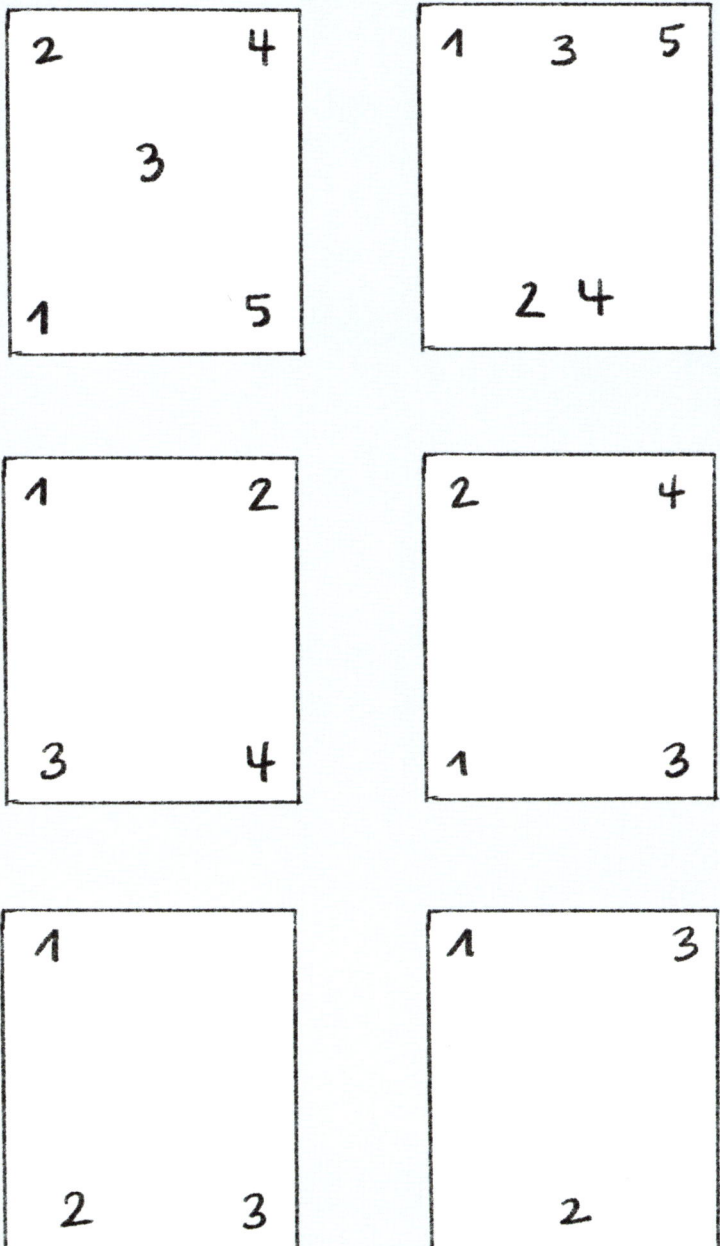

Lösung:

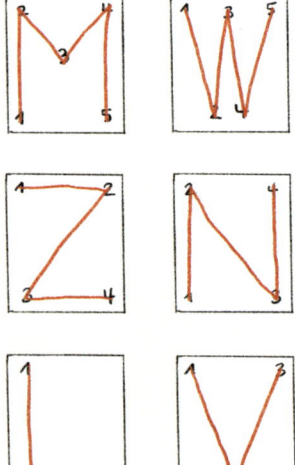

Wie heißen diese Blumen?

Verbinde mit dem richtigen Anfangsbuchstaben.

R

B

K

P

N

T

J

L

S

N

N

M

Lösung:

 ROSE

 TULPE

 SONNENBLUME

 KROKUS

 LÖWENZAHN

 NELKE

Schneide das Blatt an den gestrichelten Linien auseinander.

von

_____

mit allen Buchstaben von A bis Z
und mit vielen Bildern

Mein Abc-Merkheft

Aus den nächsten 4 Blättern kannst
du dir ein Abc-Heft basteln.
Reiße dafür die Blätter vorsichtig aus
deinem Block heraus.
Schneide die Buchstaben-Kärtchen
an den gestrichelten Linien entlang
aus. Loche jedes Blatt an der dafür
vorgesehenen Stelle.

Lege dann die Buchstaben-Kärtchen in
der Reihenfolge des Abc aufeinander.
Das Deckblatt kommt ganz nach oben.
Fädle nun einen Faden durch die beiden
Löcher und knote sie zusammen.

Du kannst dein Abc-Heft überall mit
hinnehmen und immer nachschauen,
wenn du nicht mehr weißt, wie ein
Buchstabe geschrieben wird oder wo
sein Platz im Abc ist.

Schneide das Blatt an den gestrichelten Linien auseinander.

 Schneide das Blatt an den gestrichelten Linien auseinander.

Schneide das Blatt an den gestrichelten Linien auseinander.

Schneide das Blatt an den gestrichelten Linien auseinander.

Ein Kartenspiel für
2 bis 4 Mitspielerinnen
und Mitspieler

SPIELANLEITUNG

Schneide das Blatt an den gestrichelten Linien auseinander.

AFFE

BUCH

CLOWN

DINO

SPIELANLEITUNG 1

Spielvorbereitung

Aus den nächsten 6 Blättern kannst du ein Abc-Kartenspiel basteln. Reiße dazu die Blätter vorsichtig aus dem Block heraus und schneide die Spielkarten an den gestrichelten Linien entlang aus. Mischt alle Karten. Verteilt sie auf alle Spieler. Bei 2 Mitspielern erhält jeder 10 Karten. Die restlichen Karten liegen verdeckt auf dem Tisch. Wer eine gesuchte Karte nicht bekommt, nimmt die oberste Karte des Stapels.

Spielziel

Immer eine Bild- und eine Wortkarte gehören zusammen. Wer am Ende die meisten Kartenpaare abgelegt hat, hat gewonnen.

ENTE

FISCH

SPIELANLEITUNG 2

Spielbeginn

Schaut zuerst nach, ob ihr schon Wort-Bild-Paare habt, und legt diese offen ab, sodass alle sie sehen können. Nennt dabei immer den Namen des Bildes. Der jüngste Spieler beginnt und fragt einen Mitspieler nach einer ihm fehlenden Bild- oder Wort-Karte. Hat der Mitspieler diese Karte, muss er sie abgeben. Der Spieler darf weiterfragen. Hat der Mitspieler die Karte nicht, dann ist er an der Reihe. Sobald ein Spieler ein zusammenpassendes Paar hat, legt er dieses offen vor sich auf den Tisch und nennt das Wort. Hat ein Spieler keine Karten mehr, so scheidet er aus und sein linker Nachbar darf weiterfragen.

GIRAFFE

Schneide das Blatt an den gestrichelten Linien auseinander.

HASE

IGEL

JAGUAR

KATZE

LAMA

MAUS

NASHORN

OTTER

PINGUIN

Schneide das Blatt an den gestrichelten Linien auseinander.

QUALLE

RABE

SEESTERN

TIGER

UHU

VOGEL

WAL

XYLOFON

YAK

Schneide das Blatt an den gestrichelten Linien auseinander.

ZEBRA

A

B

C

D

E

F

G

H

Schneide das Blatt an den gestrichelten Linien auseinander.

Schneide das Blatt an den gestrichelten Linien auseinander.

ANLAUT-DOMINO

Ein Legespiel für 1 bis 4 Mitspielerinnen und Mitspieler. Es ist auch möglich, die Kärtchen allein der Reihe nach auszulegen.

Spielvorbereitung

Reiße die nächsten 4 Blätter vorsichtig aus deinem Block heraus.
Schneide die Spiel-Kärtchen an den gestrichelten Linien entlang aus.

Spielbeginn

Dreht die Karten alle um und mischt sie gut. Verteilt sie dann gleichmäßig auf alle Mitspielerinnen und Mitspieler.
Wer die **START**-Karte hat, darf diese zuerst auslegen.
Was könnt ihr auf dem Bild daneben erkennen? Welchen Buchstaben hört ihr am Anfang des Wortes? Wer hat das dazu passende Buchstaben-Kärtchen und kann es an das Bild anlegen?
So spielt ihr immer weiter, bis alle Kärtchen aufgebraucht sind.
Die letzte Karte ist die **ENDE**-Karte.

Spielende

Wer zuerst keine Karten mehr hat, gewinnt. Wenn ihr alles richtig gemacht habt, liegt am Ende eine lange Abc-Schlange vor euch.

Schneide das Blatt an den gestrichelten Linien auseinander.

START

Schneide das Blatt an den gestrichelten Linien auseinander.

Schneide das Blatt an den gestrichelten Linien auseinander.

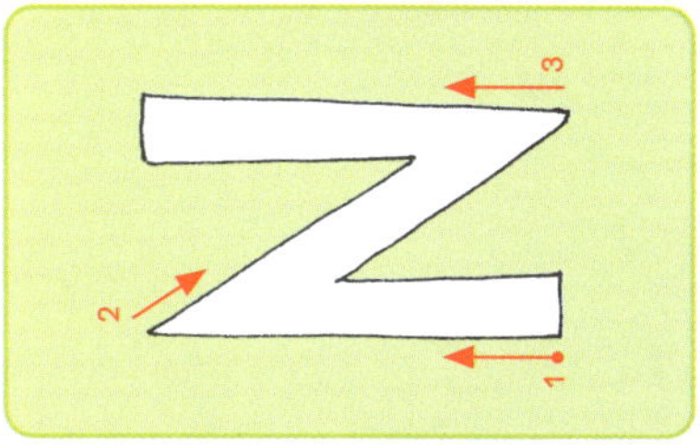

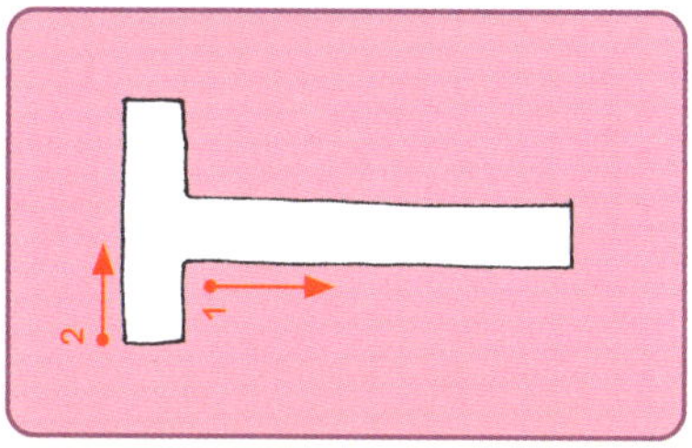

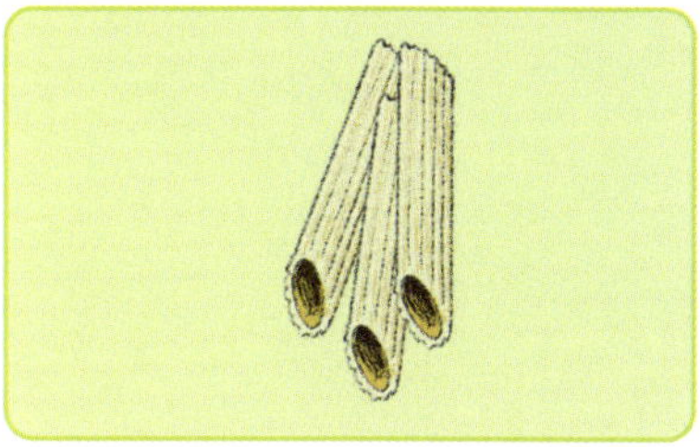

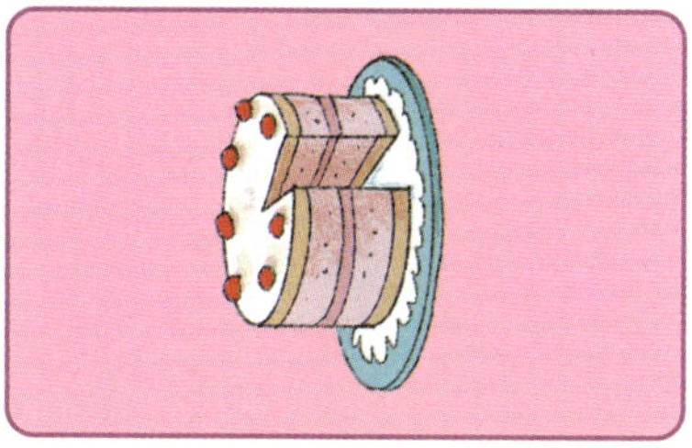

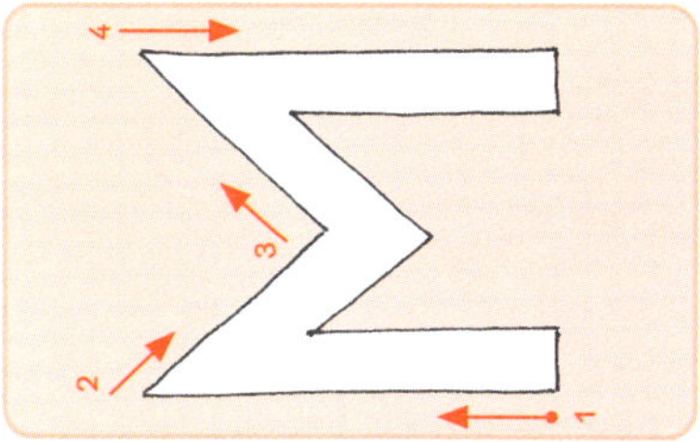

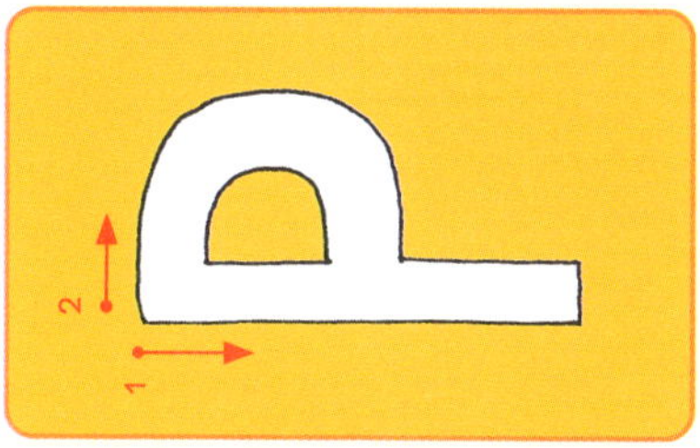

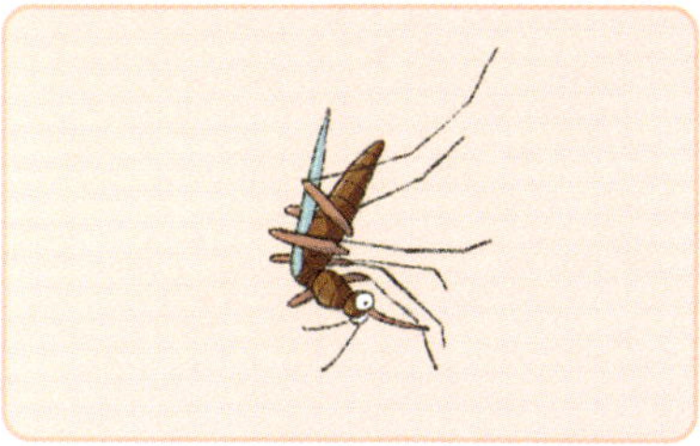

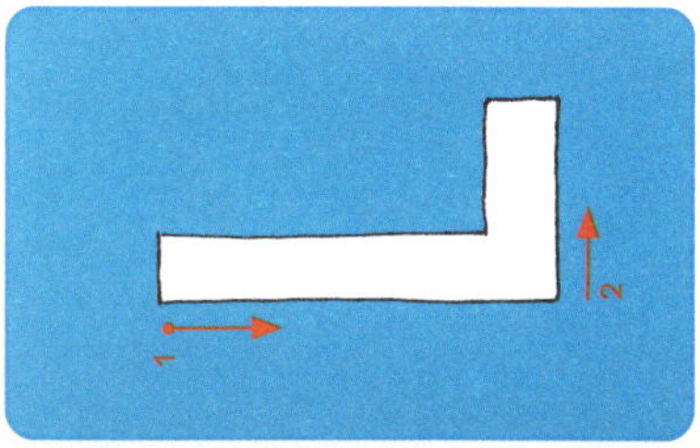

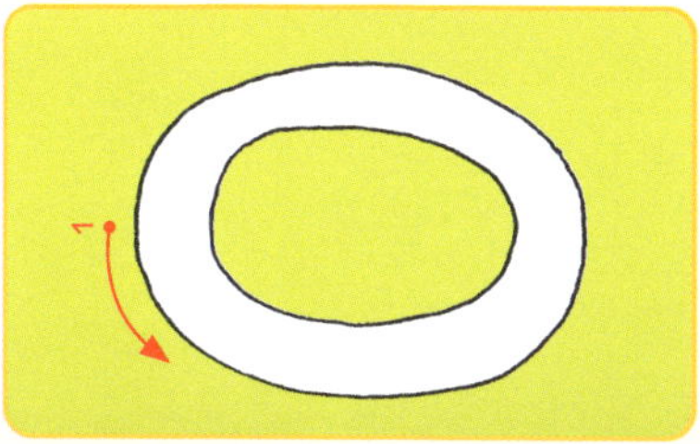

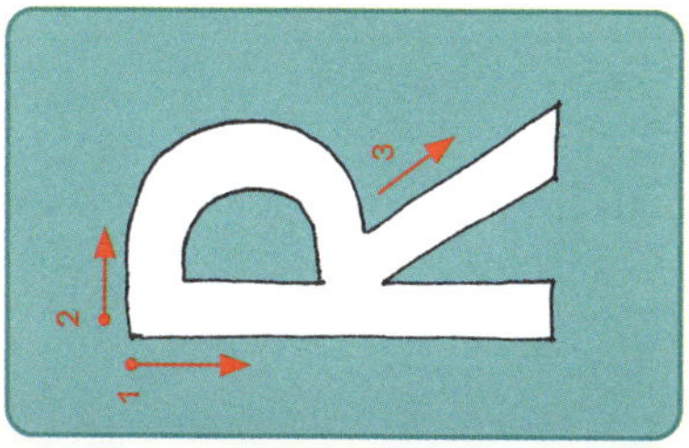

Schneide das Blatt an den gestrichelten Linien auseinander.

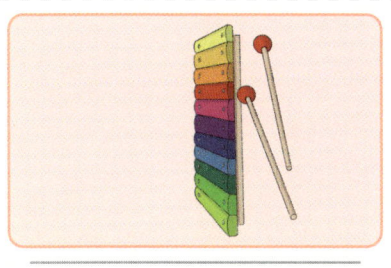

ENDE

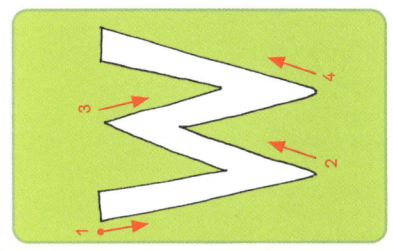

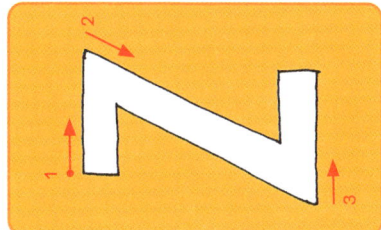

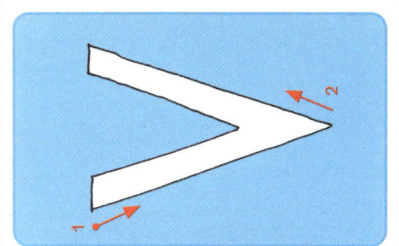

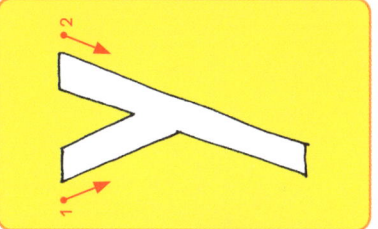

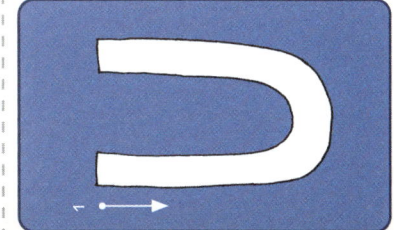

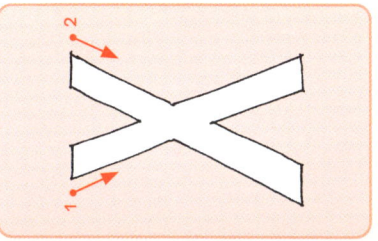

Findest du diese Bilder im Block wieder?

Du kannst sie ausschneiden, anmalen und aufkleben.

MEGA URKUNDE

Schlau
für die Schule

_____

Name

hat alle Aufgaben im MEGA dicken
Buchstaben-Block gelöst und ist somit
schlau für die Schule!

ISBN 978-3-551-18999-8

**Nun bist du ein echter Buchstaben-Profi!
Bist du bereit für die Welt der Zahlen?**

In »Mein MEGA dicker Zahlen-Block« warten viele verschiedene bunte Aufgaben darauf, gelöst zu werden.
Auf mehr als 300 Seiten tummeln sich Schreibübungen für die ersten Zahlen, lustige Zählaufgaben, Rätsel sowie viele weitere spielerische Annäherungen an das Rechnen mit den Zahlen von 1 bis 20. Mit den Lösungen auf den Blattrückseiten können die Ergebnisse überprüft werden. Am Ende des Blocks gibt es noch tolle Extras zum Ausschneiden: zwei Spiele und ein Merkheft zu den Zahlen von 1 bis 20. So bringt das Entdecken der Zahlenwelt garantiert eine Menge Spaß.

MEGA Zahlenspaß für Vorschulkinder und Schüler*innen der 1. Klasse ab 5 Jahren.

© 2022 Carlsen Verlag GmbH, Völckersstraße 14–20, 22765 Hamburg | Alle Rechte vorbehalten.
Konzept und Text: Christine Mildner | Illustrationen: Sabine Rothmund
Grafik: Karin Kröll, Hamburg | Lektorat: Larissa Speer